奇怪ねー台湾

はじめに

　遊びに行くと、いらないと言っても「食べろ食べろ」と食べ物をたくさん薦め、帰りには困るほどたくさんのお土産を持たせる、こんなおばちゃんは親戚にいませんか？　台湾人は、みんながみんな、こんなおせっかいなおばちゃんっぽいところがあります。

　もっと言うと、元気があって、喜怒哀楽がはっきりしていて、素直で、つまみ食いが多く、ハデ好きで、オシャレに興味があるのかと思えば、寝間着みたいな格好で平気で外に出る。人なつっこく、基本的に他人想いだけど、ちょいちょいポイントがずれていて、自分を一番にもってきちゃう図々しさも兼ね備え、身内とみなした人間に何かが起こると一緒になって喜んだり、悲しんだり、怒ったりする人情たっぷり。

　まだ言っちゃうと、お買い得とか、まとめ買いとか大好きで、買い置きがたくさんありすぎて家の中が永遠にスッキリせず、知らない人にも知り合いのように話しかけ、意外にしっかり小銭は溜め込んでいる、愛情いっぱいの親日家。これが台湾人です。

　この本は、2005年に台湾で出版された本ですが、台湾の歴史や日本との関係はもちろん、台湾について知るべき詳しいことは何も書いてありません。初めて作った本なので、文もレイアウトも奇妙で、本が出版されたら逃げるつもりでいたほど、好き勝手に見たままの台湾を書きました。はじめは日本で台湾紹介の本を出すつもり

あおきゆか

　が、おせっかいな台湾人のおかげで先に台湾の出版社が見つかり、台湾に台湾を紹介するという形で本になったのです。でも、なぜか台湾でウケました。中には、一度触れたら癖になる台湾人の奇怪な行動、彼らの作る不思議な風景、ガイドブックでは見られないヘンテコ島台湾がしっかり詰まっています。台湾の人の人間らしさ、あったかさに触れると私たちが忘れかけたものが思い出されるかもしれません。皆さんに興味を持ってもらえますように！

　そして、地震が起きてからというもの、台湾中が力いっぱい日本を応援してくれています。台湾から日本に届いたハートが、日本でさらにでっかくなって台湾に戻りますように！『奇怪ねー　一個日本女生眼中的台湾』の日本版、この『奇怪ねー台湾』を台湾人全員に捧げます！

不知大家是否有過這樣的經驗，去親戚家玩時，強迫被推銷很多食物「吃吧吃吧」明明就說不要了，回去還被硬塞一堆土產，真是令人困擾。身邊是否有這樣的歐巴桑？台灣人幾乎都有這種歐巴桑的雞婆性格。

說得更多一點，台灣人很有活力、喜怒哀樂分明、直率、小吃零嘴很多、喜華麗、追求時髦，但有時卻毫不在意穿著居家服外出。喜歡和人親近，基本上也很體貼為人著想，但有時會畫錯重點，不經意厚臉皮地表現自己。但是，只要他們把你當成自己人，在你遇到什麼事時，會一起替你高興，和你一起難過，或是一起生氣，人情味十足。再說得更詳細一點，很愛買特價品和團購，家裡永遠有不少多餘礙眼的東西，無法收拾乾淨。和不認識的人也能像熟人一樣交談，比想像中還要實際精明，很會存小錢，對日本有著滿滿的愛，這就是台灣人。

這本書2005年在台灣出版，內容和台灣的歷史或日本的關係完全扯不上邊，也沒有任何關於台灣的知識性內容。因為是我第一次寫文出書，內文和編排都很奇特，我原本是打算書出版後就逃回日本，所以恣意地把自己眼中看到的台灣忠實地寫下來。剛開始我打算在日本出版介紹台灣的書，沒想到託雞婆的台灣人的福，讓我先在台灣找到出版社，以向台灣人介紹台灣的方式出版了這本書。但是，不知道為什麼在台灣十分受歡迎。書裡盡是一般旅遊書看不到的奇怪台灣，像是台灣式的奇異風景，讓人一接觸就上癮的台灣人奇怪的行動等等。台灣人很有人性，又溫暖熱情，和他們接觸或許能讓我們想起被遺忘的事，希望藉此引發大家的興趣！

還有，311地震後台灣各地捲起了奧援日本的熱烈運動。希望台灣送到日本的愛心能發酵倍增再回到台灣！在此將這本書『奇怪ね―一個日本女生眼中的台灣』的日文版『奇怪ね― 台灣』獻給所有的台灣人！

日本版 はじめに 中国語　　　　　　　　　　

はじめに（もともとの）

　私は、臭い食べ物が大好き。

　納豆もナンプラーも最高に臭いチーズも臭豆腐も、大大大好きだ。

　怪しい香りは癖になり、どんどん私を虜にしてしまう。

　台湾は、日本の近くにある島で、日本に似ているところがたくさんある。だけど、理解不能なところもあって、一見似ているのに全然違う。台湾はどこか臭う。

　臭豆腐のせいかと思ったが、そうではなくて、怪しい香りがプンプンする。コレはもう、たっぷり味わうしかないと思い、私は台湾に住むようになった。

　台湾人は、臭いうえに（本当の臭いではなく、「怪しい感じのする」という意味で）、親切で勇気がある。悪く言えばおせっかいで、いい加減。

　誉めているのか、けなしているのかわからなくなってきたが、本文中にもあるとおり、台湾人は死（失敗）なんて全然恐くない。

　私はよく、「台湾人は変だ」と口にする。

　その台詞を聞くたびに、知人の「不怕死」（死を恐れない）な台湾人1号・陳柔縉は「青木、それを書け！」と言っていた。

　確かに、台湾がどれだけ変かを日本に伝えたいとずっと思っていたが（実際に日本の雑誌でも台湾のことを少し書かせてもらっていた）、書くほうはまったくの素人。私に何かを書かせようなんていうのは、物好きに決まっている。1号の家で偶然会った編集者の「不怕死」2号・林明月は物好きだった。私がたまたま持っていた仕事のファイル（日本語）を見て、林明月（日本語わからない）が、これまた同じ言葉を口にした。「青木、本に書け！」。この「不怕死」な二人のおかげで、私は出版のチャンスをつかんだ。当然、私の中国語能力はまだまだで、翻訳の黄碧君の助け

が必要だった。彼女に日本語原稿を見せるたびに、「台湾人が怒らない？」と尋ねたが、返事はいつも「没問題」（問題ない）。この女も怪しい。これが、「不怕死」３号の登場だった。３号の温和な性格をいいことに、私は、変な中国語をそのまま文中に使えとしつこく迫った。これは、１号（陳柔縉）が「青木の変な中国語は面白い！」と入れ知恵したから。私たちは悪くない。

　こんな経緯なので、この日中２ヶ国語の本は、砕けた言い回しが文中にとても多い。だから、それぞれの国の言葉を勉強中のみなさんは、間違ってもこれで勉強しないように。翻訳以外にも、イラスト、写真、デザインも、本作りは初めてのことだらけで、結構くたびれ、この本の製作期間中、台湾の友達からの誘いを何度も断ったり、中国語の勉強にも身が入らず、先生を失望させたし、「一体何のために台湾に来ているのだろう？　毎日家にこもっていたら、多くのおかしな台湾人を見逃してしまうじゃないか！」とイライラした時期もあった。

　日本から持ってきた私のノートパソコンでは、明らかに仕事の許容量を超え、中国語を扱うということでもトラブルが多発し、Mac店、Appleマンのマークさん、イルーさんには何度も助けてもらった。そのほかにも、中国語の質問に答えてくれた楊静衛（ヤンジンウェイ）さん、張心昱（ヂャンシンユ）さん。日本語校正を手伝ってくれた川上留美さん。文章の内容も知らずに、結婚式の写真を使うことを快く許可してくれたAnnとToy。「日本のトイレの写真を！」という急な依頼に対応してくれた日本の友人、久保田紀子さん。チャンスをくれた１号の陳柔縉と２号・林明月、布克文化のみなさん。３号で翻訳者の黄碧君。応援してくれた日本の友達、台湾の友達、みんなに大大大大大感謝！　とにかく無事出版にたどりつけた。ご無沙汰していたみなさん、また遊んでください。

　またこれからカメラぶら下げて、台湾を観察するぞーーー！

我超愛臭臭的食物。納豆和魚露（namplaa）還有超臭的乳酪和臭豆腐都是我的最愛。怪怪的香味變成我的特殊癖好，漸漸擴獲我的心。台灣島在日本的附近，有許多和日本相似的地方，但是，也有許多無法理解的地方，乍看之下很相似，其實完全不同。　台灣有某種「臭」。本來我以為是臭豆腐的味道，但完全不是，怪怪的香味不斷撲鼻而來。我只能充分地去品嚐這些味道，因此，我在台灣住了下來。台灣人的「臭」（我指的不是真正的臭味，而是「讓人感覺怪怪的」），說好聽一點是親切又勇氣十足，說得不好聽一點是難婆又隨隨便便。聽不出來是在讚美還是在貶低，就如書裡所寫的，台灣人完全不怕死（失敗）。

我時常把「台灣人很奇怪」掛在嘴邊。每次一聽到我的這句台詞，「不怕死」的朋友，台灣人1號陳柔縉總是對我說：「青木，把這些寫下來！」我的確一直很想把台灣人有多奇怪一事介紹給日本人，事實上我也在日本的雜誌上寫一些關於台灣的事，但對於書寫這件事我還是個外行人。只有奇怪癖好的人才會叫我寫東西。但是，一個偶然的機會我在1號家裡遇見一位編輯，「不怕死」2號林明月是個更怪的人。看到我偶然拿去的工作檔案（日文），林明月（不懂日文）也對我說相同的話：「青木，把這些寫成書！」託這二位「不怕死」的人之福，我於是捉住這個出版的機會。

當然，我的中文程度還沒有那麼好，需要譯者黃碧君的協助。每次我把日文的原稿給她看時，都會小心地問：「台灣人看了會不會生氣？」她每次都回答：「沒問題。」當我正起疑，覺得這個女生好像也挺怪的，原來「不怕死」3號出現了。由於3號溫和的個性，於是我硬強迫她把我奇怪的中文用上去，原因是1號（陳柔縉）出的主意，她對我說：「青木的怪怪中文很有趣！」所以，不是我們的錯。

在這樣的背景下寫出來的這本中日雙語的書，有著很多奇怪的迂迴說法。因此，對於那些正在學外語的人，「請不要拿這本書來學習日文」。除了翻譯之外，插圖、照片、設計都是我自己做的，因為是第一次製作書，讓我竭盡心力。本書製作期間，我拒絕很多台灣朋友的邀約，也無法專心地學中文，讓老師失望了。甚至有一段時間很不安，「到底我是為了什麼才來台灣的？每天關在家裡，不是會錯過認識許多奇怪台灣人的機會嗎？」

從日本帶來的筆記型電腦，工作量已明顯超過它的負荷，而且要使用中文，遇到了不少麻煩。多謝Mac店apple man的馬克和宜儒數度的幫忙。還有經常回答我的中文疑問的楊靜衛、張心昱，幫我校正日文的川上留美；還沒看到內容就爽快答應讓我使用她們結婚照片的Ann和Toy；拜託朋友「快傳送日本廁所照片給我！」並立即幫我的日本朋友久保田紀子；給我機會的1號陳柔縉和2號林明月，布克文化的其他人；翻譯的3號黃碧君。支持我的日本朋友、台灣朋友，我太太太太太感謝大家了！這本書終於能夠順利出版。久違的朋友們，大家再一起玩樂吧！

又，今後我終於又能夠背著相機到處觀察台灣了！

もともとのはじめに 中国語

もくじ 目次

- 2　はじめに（日本版）
- 5　はじめに（もともとの）
- 10　①台湾の夏　台灣的夏天
- 16　②暁闇のショッピングロード　破曉的 shopping road
- 20　③野外運動風景　戶外運動風景
- 24　④空気と水　空氣和水
- 30　⑤ゴミ出しカーニバル　垃圾嘉年華
- 36　コラム①
    台湾で出した本が日本でも出せたキッカケのキッカケのキッカケ
    在台灣出的書在日本也能出版的契機之契機之契機之契機
- 38　⑥フォルモサの景色　寶島風光
- 44　⑦健康食品店　健康食品店
- 52　⑧パスタ警察　義大利麵警察
- 58　⑨台湾人と雨　雨天和台灣人
- 62　⑩とっておきのお土産　推薦台灣製日式商品
- 68　⑪日本の女の子と台湾の女の子　台灣女孩與日本女孩
- 74　コラム②
    台湾で出した本が日本でも出せたキッカケのキッカケのキッカケ
    在台灣出的書在日本也能出版的契機之契機之契機
- 76　⑫台湾人とカバー　台灣人和套子
- 82　⑬台湾人とカラオケ　和台灣人一起去ＫＴＶ
- 90　⑭台湾人の歩き方　台灣人走路的方式
- 96　⑮トイレに関するお話　關於廁所的故事

102 ⑯台湾のテレビニュース　台灣的新聞
108 ⑰ビビるものがヘン　害怕的東西很奇怪
112 コラム③
　　　　台湾で出した本が日本でも出せたキッカケのキッカケ
　　　　在台灣出的書在日本也能出版的契機之契機
114 ⑱台湾の病院　醫院
118 ⑲台湾人成分分析　台灣人成分分析
122 ⑳台湾人と約束　和台灣人的約定
128 ㉑台湾人の金銭感覚　台灣人的金錢觀
132 ㉒羨ましい恐いものなしの台湾人　令我羨慕的不怕死的台灣人
136 ㉓ＡＶが悪い　都是ＡＶ惹的禍
140 ㉔台湾人とレッツトーク　和台灣人聊天
144 コラム④
　　　　台湾で出した本が日本でも出せたキッカケ
　　　　在台灣出的書在日本也能出版的契機
146 ㉕大同電鍋　大同電鍋
152 ㉖食事は戦争　Food Fight
158 ㉗自分と人の差を気にしない　不在意比不上別人
162 ㉘台湾の結婚式　結婚儀式
166 ㉙台湾人になった日　成為台灣人的一天

172 おわりに

おまめたくさんのかき氷

パッションフルーツ
百香果

西瓜
すいか

奇怪ねー台湾 ①

台湾の夏
台灣的夏天

ホラーの始まり。
恐怖電影的開始。

アンニン豆腐氷
杏仁豆腐冰

芒果冰
マンゴー氷

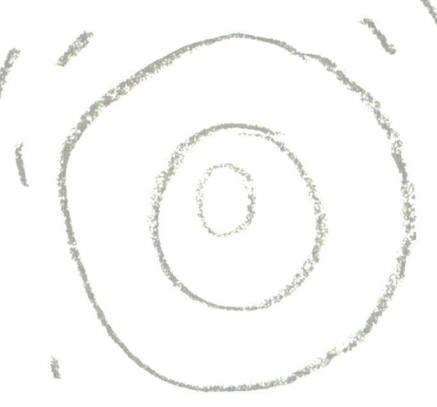

夏のはじまりの、台北の身近なホラー。
私は虫が死ぬほど嫌いで、
というか、基本的に人間以外は全部パスで、
生まれてこのかた犬や猫をかわいいと思ったことは一度もない。
どちらかといえば、恐くてしかたがないと思っている。
なめられたりすると、なめないで〜と心に念じる。
声も出せなくなって、払いのける勇気もない。

だって恐い。寿命が縮む。

そんな私は、この時期が始まると真剣に日本帰国を考える。
魔の5、6、7月。
突然ザーッと雨が降り、そして、すぐに止む。
その後、急に日が照って温度が上がると、夜が恐ろしいことになる。
虫がわく、大量に……。

台北的夏天，是我生活中恐怖電影的開始。
因為我超討厭蟲蟲，不，應該説基本上我只和人類打交道。
人以外的生物，即使是貓、狗，我從來不認為牠們很可愛。
反正，就是害怕蟲蟲到不行。
不小心被貓、狗舔到，也只敢在心中大喊：
「不要舔我啦！」
不但出不了聲，連趕走牠們的勇氣都沒有。

因為太恐怖、太害怕，壽命都縮短了。
這樣的我，每到這個時期，就開始認真的考慮要回日本。
恐怖的五、六、七月。
突然ムヤ——地下起頃盆大雨，然後馬上停止。
接著太陽出現，溫度急劇上升，晚上開始變得很恐怖。
蟲蟲大軍湧入，超多的。

こっちの羽アリのでかいこと、でかいこと。
日本の３倍は軽くある。
しかも、胴体がアリじゃなーーーーーい！

網戸をしっかり閉めても、いつの間にか部屋の電気に群がるし、
大きさが尋常じゃないから、群がる姿がまた恐い。
網戸にもたぁっくさ〜ん張り付いて、
入室のチャンスをうかがってる。
もう、恐くて恐くて恐くて恐くて……。
私は虫を追い払えず、私が虫に追い払われる。
さらに外に逃げても、虫はお店の電気の下に山のように群がってる。

恐くて死にそうだけど、夏は果物がおいしい。
だから頑張って死なない。

這裡的飛蟻真的超大，超大，隨便一隻都比日本的大三倍。
尤其身體根本不不不不像螞蟻。

就算紗窗完全關上，房間的電燈旁不知不覺的還是擠了一大堆。
因為大到不尋常，擠成一堆的樣子又更可怕了。
紗窗上還貼著一群一群努力想擠進房間的飛蟻，
哇，太恐怖太恐怖太恐怖太恐怖了！
我趕不走蟲，反而被蟲趕走。
逃到外面，蟲蟲群聚在商店的電燈下，好像一座小山。

實在恐怖死了，但是夏天的水果實在很好吃。
所以努力撐著別死。

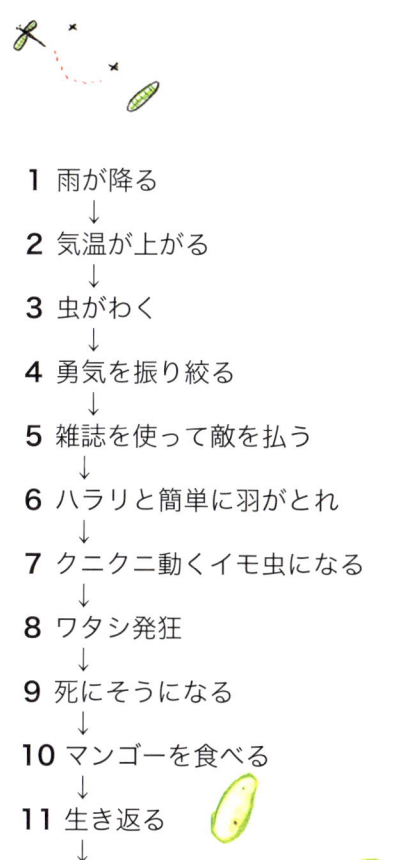

1　雨が降る
　↓
2　気温が上がる
　↓
3　虫がわく
　↓
4　勇気を振り絞る
　↓
5　雑誌を使って敵を払う
　↓
6　ハラリと簡単に羽がとれ
　↓
7　クニクニ動くイモ虫になる
　↓
8　ワタシ発狂
　↓
9　死にそうになる
　↓
10　マンゴーを食べる
　↓
11　生き返る
　↓
＊　1に戻る

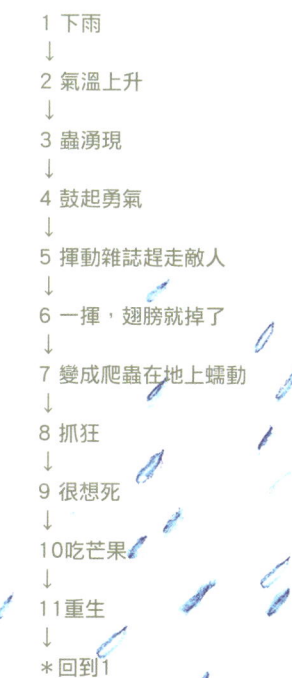

1 下雨
↓
2 氣溫上升
↓
3 蟲湧現
↓
4 鼓起勇氣
↓
5 揮動雜誌趕走敵人
↓
6 一揮，翅膀就掉了
↓
7 變成爬蟲在地上蠕動
↓
8 抓狂
↓
9 很想死
↓
10 吃芒果
↓
11 重生
↓
＊ 回到1

恐怖的循環

1 2 3 4 5 6 7 8 9 10 11 12 ← ← ← ← ← ←

ズボンと沖縄黒糖アメ

お供えのおまんじゅう。

奇怪ねー台湾 ❷

パキパキのフシギな食感の果物 レンウー 蓮霧

暁闇のショッピングロード

破曉的 shopping road

闇の中にポツリと浮かび上がる……

在黑暗的各處浮現的……

調味料はイロイロ

17

~破曉的 shopping road~
暁闇のショッピング★ロード

いやぁ～ん

Ufuuuuu~n
うっふぅ～ん

明け方の散歩で発見した奇妙な空間　冬の朝5時頃　まだ空が白み始める前　闇の中にポツリと浮かび上がる小さな市場　お客さんは　老人限定　商品は　ナマ限定

老人とナマ肉が
老人と新鮮な魚が
老人とフレッシュな野菜が
老人に生命を与えて魂の交換の儀式を行う
穫れたての生命に吸い寄せられ　老人がやってくる

「おもちゃのチャチャチャ」（注）がぐるぐる回る昼間からは想像つかない年寄りの動き

毛をむしられた裸の鶏が
「いや〜ん、どうにでもしてぇ〜」と言っているスッポンポンの肌色が　艶かしく
首をたれて
仰向けに
無抵抗に
横たわる

朝と夜のコントラスト
ナマ肉と老人のコントラスト
新鮮と熟成のコントラスト
目が釘付けになる奇妙な世界
数時間だけの暁闇のショッピングロード

（注）日本の童謡……夜中おもちゃに命が宿り、人目を忍んで遊ぶという歌。

黎明的散步中發現的奇妙空間　冬天早晨五點左右　天空開始變白之前　在黑暗的各處浮現的小市場　客人　老人限定　商品　生鮮限定

老人和生鮮的肉
老人和新鮮的魚
老人和新鮮的蔬果
老人們為了吸取剛採收的生命之氣而來
進行靈魂的交換儀式

「玩具恰恰恰」（註）轉啊轉
光看白天的樣子實在很難想像　老人竟能如此敏捷

毛被拔光的裸雞
說著：「唉喲～討厭啦～任憑你處置啦♡」
露出又白又有彈性的膚色　很有光澤
頭垂著
身體垂著
毫無反抗地
橫躺著

夜晚和早晨的對照
生肉和老人的對照
新鮮和老人的對照
令人目不轉睛的奇異世界
只持續數個小時的
破曉的shopping road

（註）日本著名的童謠：半夜的玩具，突然有了生命，掩人耳目大肆玩耍的歌。

19

奇怪ねー台湾 ❸

野外運動風景

戸外運動風景

朝晩の公園や運動場が大好き

我最喜歡早晚的公園和運動操場。

晩安。

朝晩の公園や運動場が大好き

だってここには、

場所はいくらでもあるのに公衆便所の前に場所をかまえ、至近距離でバドミントンをする老人たちや、

毎晩決まった時間にスーツ姿で革鞄を持ち、後ろ歩きで学校のグラウンドに登場し、後ろ歩きでトラックに入り、後ろ歩きでトラックをグルグル回り、後ろ歩きで退場していくサラリーマンや、

気功でもヨガでも太極拳でもない、不思議なクニャクニャの動きをする「クラゲ体操（仮名）」をする軍団や、

公園で道路に向かって、ずっと気を送ってる集団や、

買い物袋片手に、ミュール姿でグラウンドをグルグル歩く、明らかにショッピング帰りのギャルや、

チュウをしながらグラウンドをグルグル歩くカップルや、

痴話げんかをしながらグラウンドをグルグル歩くカップルや、

夜中なのに走る３、４歳の子供や、

マラソンの仕方を理解しておらず、全力でバタバタと１、２周走ってヘトヘトになり舌を出しながら数分で帰ってしまう人や、

中正紀念堂（注）の国家音楽廳のガラスに姿を映して、
全身ぴったりとした服を着て、
ウットリしながら腰をクネらせ、
セクシーダンス（明らかに自作）を踊るおばさん
　　　　　　……などが山のようにいるから。

（注）台北市内にある元総統蒋介石を記念した公園

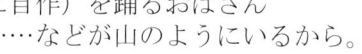

我最喜歡早晚的公園和運動操場

因為這裡有

有這麼多空閒卻要擠在公共廁所前，
以很近的距離打著羽毛球的二個老人；

還有每天晚上都在固定的時間，穿著西裝拿著皮製的公事包，在學校的
操場上倒著出現，在跑道上倒著走，倒著轉圈，倒著消失的上班族；

或是不是氣功也不是瑜珈也不是太極拳，而做著不可思議扭動身體的
「水母體操」（我取的名稱）軍團；

或是在公園裡，面對著道路，不斷送著「氣」的團體；

或是一手拿著購物袋，穿著休閒高跟鞋在空地上繞著圈子，
一看就知道是剛購物完的女孩；

或是一邊親嘴一邊繞著空地散步的情侶；

或是一邊吵嘴一邊繞著空地散步的情侶；

或是半夜裡，卻在跑步的三、四歲小孩、

或是不理解馬拉松的真意，一開始就全力向前衝，跑一、二圈後，
累得像狗一樣，吐著舌頭，幾分鐘後就回家去的人；

或是中正紀念堂的國家音樂廳的玻璃上，映著穿著緊身的衣服，性感地
扭動著身體陶醉地跳著（一看就知道是自己編的）艷舞的歐巴桑。
　　　　　　　　　　　　　　……etc.像山一樣多的人們。

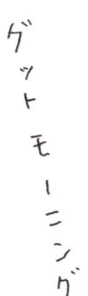   

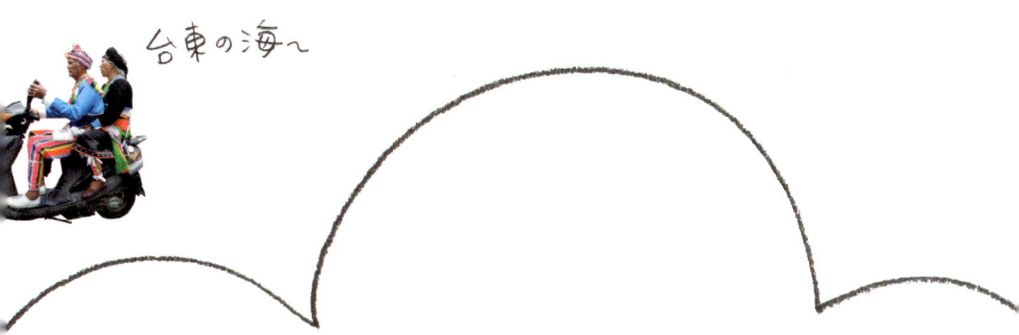

台東の海へ

奇怪ねー台湾 ❹

空気と水

空氣和水

一人一人が環境に配慮して、よそ者にも愛される台北にしよう！

每個人都多關心生活環境，把台北變成一個外來的人也會愛上的台北吧！

このままでは、私は台北に長く住み続けることはできない。
ここでの生活は、ストレスも少なく楽しい。
台湾は大好きだ。
だけど、空気と水が悪すぎる。
ちょっと長く道を歩くと肺が痛くなり、顔が汚れる。
みんな鼻毛が飛び出てる。いい男でも飛び出てる。
台湾の人は、空気が悪いことを知ってるのに、
あまり真剣に考えていない。

再這樣下去我無法在台北長住下去了。
我很喜歡這裡的生活,壓力少、很快樂。
我很喜歡台灣。
但是,這裡的空氣和水實在太糟了。
只要走久一點的路,肺就會痛,臉也會變髒。
大家的鼻毛都長到鼻子外面,
連很帥的男人也一樣。
這裡的人雖然知道空氣不好,
卻很少認真地去思考。

私は言いたい。
「すごいスピードで伸びる鼻毛の理由を考えたことはないの？」
　いや、違う。言い間違えた。もう一度。
「汚れた環境は危険だと感じたことはないの？」
　水だって最悪だ。ちょっと、水道局の人！　去年の正月、
　長く休むからって、漂白剤をいつもの４倍入れたでしょ、漂白剤！
　相当臭ったよ。私の嗅覚は鋭いんだ！　いつもの４倍入ってたよ！
　だから、台北は水道管が錆びるのがすごく早いんだ。
　以前、台北で建物の改装現場を通りすぎたとき、目の前で廃材の山から水道管が崩れ落ち、大きな金属音とともに、古ぼけた水道管の中から、赤茶色の錆がザーッと出てきた。恐ろしい光景だった。
　数日家を留守にしただけで、水道管からは、茶色く濁った水が流れる。すごく錆臭い。かなり古い建物でも、日本ではここまで水道管が傷むことはないから、水道水の塩素にやられてるんじゃないかと思う。
　台北に来てから歯が黄色くなったという外国人は多い。
お茶の飲み過ぎとかじゃなく、最近は水のせいだと疑っている。
こんな水と空気のせいで、台北に住む人がにっこり笑うと黄色い歯と鼻毛が出てしまう。
　これでいいのか台北人！　私は心配してるんです。
「台湾にいたら、嫁に行けなくなるんじゃないか」
　あ、また間違えた。もう一度。
「一人一人が環境に配慮して、
よその人にも永く愛される台北にしよう！」
　だって、あなたは愛せますか？
　鼻毛の出た、黄ばんだ歯をした笑顔の人間を。
　あれ、また間違えてる？

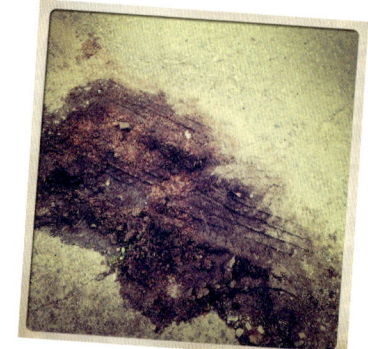

我很想說：
「你們有沒有想過鼻毛長那麼快的原因？」
不,不對。
說錯了,再來一次。
「難道你們對於污穢的環境沒有危機感嗎？」

連水質也超級惡劣。
喂,水公司的人!
去年農曆過年時,雖然放了長假,也不能一下就放四倍的漂白水吧!真的很臭勒。
我的嗅覺很敏銳!我敢說比平常多了四倍。
所以,台北的水管很容易就生鏽。

有一次在台北經過改建的工地時,眼前像小山一樣的廢材中,水管崩落下來,
伴隨著巨大的金屬聲,老舊的水管裡還流出ㄙㄚ一茶紅色的鏽來。真是超恐怖的景象。
我不過離家幾天,水龍頭就流出茶色混濁的水來,還伴隨一股嚴重的鏽味。
在日本,即是很古老的建築物,水管也沒有這麼嚴重的腐鏽問題,
我想台北的水管被水裡的鹽酸給腐蝕了吧。
有很多外國人都說,來到台北後牙齒變黃了。
不是因為喝了太多的茶,最近,我開始懷疑是因為水鏽的問題。
因為這樣的水和空氣,住在台北的人,微笑時通常會露出黃黃的牙齒和鼻毛。

這樣真的好嗎?台北人!
我很替你們擔心。
「如果一直住在台灣,我可能會嫁不出去吧。」
啊,又說錯了。重來一次。
「每個人都多關心生活環境,
把台北變成一個外來的人也會愛上的台北吧!」
你真的能愛這樣的台北嗎?
愛這裡露出黃黃的牙齒和鼻毛的人嗎?
啊,我又說錯話了?

奇怪ね―台湾

❺

ゴミ出しカーニバル
垃圾嘉年華

ゴミの音楽を聴くと
「みんな踊ればいいのに」
と思う。

「聽到垃圾車的音樂，我心想：
『大家為什麼不一起跳個舞？』」

31

音楽を合図に、みんながゴミを持って集まる台北のゴミ収集。
せっかくだから、みんな踊ればいい。
隣近所が踊り狂い、街はダンスタウンと化す。

例えば、ゴミの収集内容によって音楽を変えてみる。
再生ゴミはクラシック。一般ゴミは演歌。不燃ゴミはラテン。
毎月曲を替えたり、地域によって曲目が違ってもいい。
ジジババが生ゴミ下げてステップを踏む、
わずか十数秒のステージ。
年に二回くらい、地域対抗のコンテストがあって
日頃の成果を競い合う。
衣装は、不要品のリサイクル。コンテストは、お祭りだ。
市が予算を付けて、特別ゲストの台湾を代表する舞踏団
〈雲門舞集〉に生ゴミ舞踏を披露してもらう。
賞品は台北市専用ゴミ袋一年分。
いい運動になるし、ゴミ出しも楽しくなる。
そのうえ、リオのカーニバルのように名物になる。

ゴミの音楽を聴くと「みんな踊ればいいのに」と思う。

聽到音樂聲,大家就拿著垃圾到集合地點倒垃圾。
真是難得的機會,大家一起跳個舞吧!
大家在街上狂舞,街頭變成dance town。

我建議,可以隨著垃圾回收的內容改變音樂。
例如,可回收垃圾為古典樂;
一般垃圾為演歌;
不可燃垃圾為拉丁音樂。
每個月換曲子,每個地方也可以有不同的曲目。
阿公阿媽提著廚餘踏著舞步,只有數十秒的舞台。
一年可以舉辦二次地區競賽來驗收日常的成果。
服裝規定必須是回收再利用的。
比賽是一場嘉年華。
市政府還可以編列預算,請台灣代表的雲門舞集當特別來賓,
發表廚餘垃圾舞。
獎品是一年份的台北市專用垃圾袋。
不但是一項好的運動,倒垃圾也會變得很快樂。
而且,可以變成像巴西里約的嘉年華一樣有名。

一聽到垃圾車的音樂,
我心想:「大家為什麼不一起跳個舞?」

跳吧!台灣人。

column 1 台湾で出した本が日本でも出せたキッカケのキッカケのキッカケのキッカケ

　苦労しても希望校に受からず、だからか学生時代には貧乏旅行ばかりしていました。卒業後も海外に行き続け、それに飽きた頃、人に誘われて来た２、３泊の台湾旅行。人懐っこく、親切で、活気と都会と田舎が混じる台北と台湾人に、ドボンと一気に惚れ込みました。帰国後、バイトとデザインの仕事とペンキ塗りでお金を集め、「マッサージを習うの」とグッバイジャパン。数ヶ月後には、髪の毛にペンキをつけたままリュックを背負って、マッサージ店の呼び鈴をピンポンしていました。"お願いします。マッサージ"と書いた自家製の赤いTシャツを着てやって来たその日から、私の押しかけ弟子生活が始まりました。
　気まぐれで出てくる店の賄いは、塩味一切ナシの闇鍋風煮込みうどん、洗面器一杯分。「食べ切れない」と言うと、「残すな」と胃のツボ押しで消化を促進させ、また食べさせられる。キッチンはお風呂場で、トイレットペーパーすら流してはいけない台湾の便器にイカが浮いていたり、おならは悪い気のフラッシュアウトだと言って、お客さんの前で

生紙都無法丟入馬桶沖掉的台灣馬桶裡浮著墨魚，甚至說放屁是在排放體內的廢氣，在客人面前也毫無顧忌的噗噗不停的放屁。說自己能算出樂透的數字，一有空就在算數之外的不可思議體驗，幾乎可以寫成一本書。

但是，這個修行五個月就結束了。修行越深入，發現這個世界和中藥及中國的歷史淵源很深，不懂中文不行，再加上我開始對台灣的茶感興趣，這些契機讓我也想去了解按摩店之外的一般台灣社會，也產生了危機意識。

當學徒的期間，讓我學到可以把浴室或任何地方變成廚房的大同電鍋的重要性 (p.146)，和台灣廁所的纖細 (p.96)，和台灣人對屁的容忍度 (p.38) 等等。還有，

順道一提，來到台灣的那一天，我把自製的T恤送給老師，老師一次也沒有穿過。

もブーブーし、ロトくじの当選ナンバーは算出できると、暇さえあれば算数をしている奇怪な先生。ここで、本が一冊かけるほど毎日不思議な体験をしました。でも、その修行も5ヶ月で終了。修行が進むと漢方や中国の歴史に深く絡んできて中国語の壁があること、台湾茶の世界にも興味を持ち始めたこと、それらを機に徐々にこの店以外の普通の台湾社会を知って危機感も生まれたこと、等が理由です。

　この弟子入り生活が、お風呂でもどこでもキッチンになる大同電鍋の重要性（p.146）と台湾のトイレのデリケートさ(p.96)を教えてくれました。あと、おならへの容認度（p.38）なども。

　ちなみに、台湾にやって来たあの日、自家製のTシャツを先生にもプレゼントしていましたが、先生は一度も袖を通すことはありませんでした。

つづく→p.74

＊在台灣出的書在日本也能出版的契機之契機之契機之契機＊

拼命的準備還是沒辦法考上志願的大學，或許因為如此，學生時代的我一直是貧困的背包客在世界各地旅行。畢業後還是一直往國外跑，在快要厭倦的時候，有人邀我去台灣玩了三、四天，這讓我立即迷上了有人情味、親切、朝氣十足，混雜了都會和鄉下風格的台北和台灣人。回國後，打工、做設計、當油漆工賺錢，存錢想準備到台灣學按摩，say good-bye to Japan。幾個月後，頭髮上還沾了油漆的我，背著包包，來到按摩店按門鈴。我穿著自製的紅色T恤，上面寫著：「拜託，教我按摩」。從這一天開始，我的按摩學員生活就此展開。

隨性的師父為學徒的我準備的餐點是完全不鹹，像在暗地裡不知加了什麼料的鍋燒烏龍麵。有臉盆這麼多。我說：「吃不完」，對方回：「要吃完！」幫我按促進胃消化的穴道，要我再多吃一點。廚房就在浴室，連衛

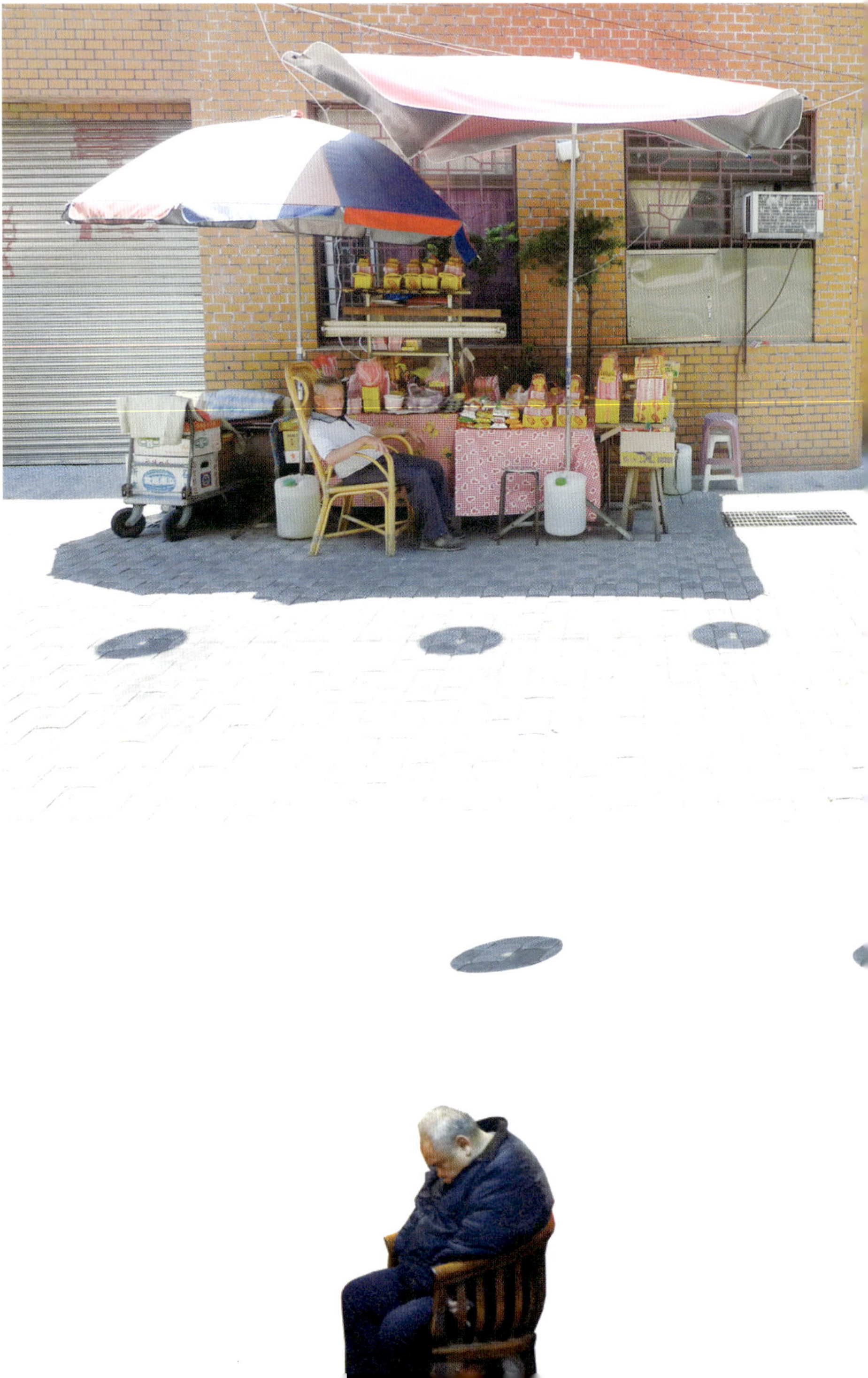

奇怪ねー台湾 ❻

フォルモサの景色

寶島風光

> Make me happy!

宝島の景色
寶島風光

Scenery Of Treasure Island

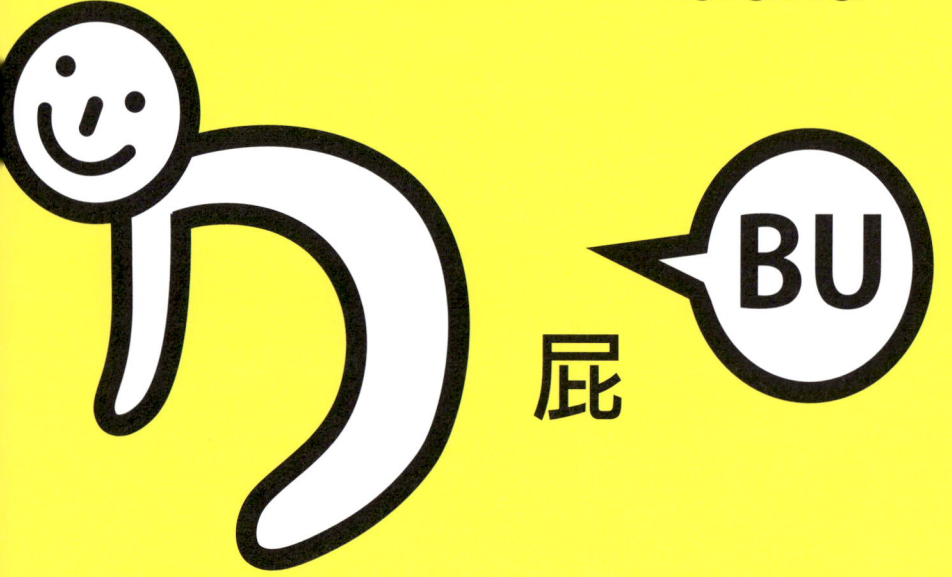

屁 BU

Taiwan

嗝
GA

makes me happy

もともとオナラを聞くのが好きだ。
お尻から、変な音が出るからおもしろい。
人のオナラを聞くチャンスはそう滅多にないから
残念だけど台湾では、たくさん聞ける。
それがとてもウレシイ。
公園で運動してる人に混ざるとたくさん聞ける。
おなかを圧迫するようなポーズや
力を入れるような動きはラッパが鳴る。

我原本就喜歡聽別人的屁音。
正因為是從屁股發出來的奇怪聲音，特別好玩。
可惜在日本很少有機會聽到別人的屁音。
但是在台灣聽得到一堆屁音，這讓我很痛快。
在公園和別人一起運動的時候，可以聽到很多屁音。

壓肚子的姿勢或是用力的動作，
好像在吹人體喇叭
ｐｕ 啊，很好玩！
走在街上的時候，
不認識的人會忽然在我面前　ｂｕ
周圍的朋友也會突然地ｐｉ裝傻……

這都是我的笑點，讓我心情真好。
不過，若是臭屁的話，就有點辛苦。
覺得在台灣放屁、打嗝都OK，
放屁可以鼓勵，打嗝就免了吧！
因為嗝音不好玩。

Taiwan

PU GA BU PI GA PU PI GA BU PU GA PI BU GA PI GA PU BU PI GA PU GA PU GA BU GA

BU

PU ああ、おもしろい

町を歩いていても、突然目の前で BU

PI

知り合いも、知らん顔して

たくさん笑えていい気分。

でも、臭いのはちょっと辛い。
台湾は、オナラもゲップもオッケーみたい。
オナラは応援するけど、
ゲップは遠慮しておきます。
だってゲップの音は、つまんない。

GA

健康ジュースはアッチコッチにアル。

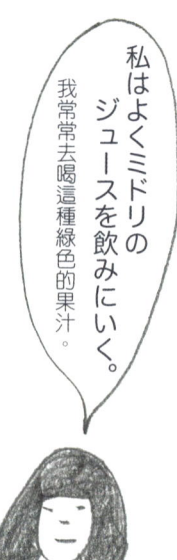

私はよくミドリのジュースを飲みにいく。
我常常去喝這種綠色的果汁。

奇怪ねー台湾

❼

健康食品店

健康食品店

Healthy Food Shop

健康食品店

うえから見る

BARLEY GRASS

SPIRULINA

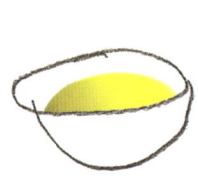

FLAX SEED OIL

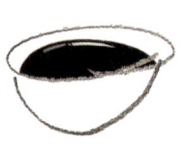

MOLASSES

green power

わたしキレイ～？

46

台北の有機食材の店には、決まってミドリのジュース（精力湯）がある。
台湾は、油を使わないで野菜を食べるチャンスが少ないので、
私はよくミドリのジュースを飲みにいく。
見た目は青汁みたいだけど、別に苦くないし、
有機の果物と野菜がたくさん入っていてとっても美味。
よく行くお店のジュースは、スピルリナの粉末とモラセスと亜麻油と
大麦若葉の粉末の「精力4点セット」に、果物と野菜が入っている。
一杯100元。

台灣的有機食品店裡，有個招牌的綠色果汁「精力湯」。
在台灣沒有什麼機會吃到沒有油的蔬菜，所以我常常去喝這種「綠色的果汁」。
精力湯的顏色看起來是很綠的生蔬果汁，但並不特別苦，
裡面加了很多有機的水果和蔬菜，非常美味。
我時常捧場的店，他的精力湯除了水果和蔬菜外，還加了螺旋藍綠藻粉（spirulina）、
糖蜜（molasses）、亞麻子油（flax seed oil）和大麥苗粉（barley grass）等「精力湯四商品」。
一杯100元。

＊スピルリナ＝Spirulina。藻。緑色をしたタンパク質と多く含む健康食品。タブレットや粉末がアリ。
＊モラセス＝Molasses。砂糖を原料から精製する時に現れる副産物。廃糖蜜。黒くドロッとしていて鉄分を多く含む。
＊亜麻油＝ アマニ油、flax seed oil。亜麻の実から取れる油で α-リノレン酸、ω-3脂肪酸などの不飽和脂肪酸に富む健康食品。

＊ 螺旋藍綠藻粉（Spirulina）：一種海藻，富含綠色蛋白質的健康食品。也有膠囊和粉末。
＊ 糖蜜（Molasses）：從原料製成砂糖時的副產品。廢糖蜜，濃黑富含鐵質。
＊ 亞麻子油（flax seed oil）：亞麻籽萃取的油，富含α-亞麻酸及ω-3脂肪酸等不飽和脂肪酸的健康食品。

①開動　　②ㄅㄨㄞㄅㄨㄞ彈跳的椅子

start →　①いただきまーす。②ボィンボィンするイスです。

初めて飲んだその日は、特に身体が弱っていて
半分飲み終わらないうちに目がブァーって開いて、すぐ元気になった。
台湾の料理は脂っこすぎて、胃がもたれるときがあるけど、
これを飲めばスッキリする。
これは、私の思い過ごしかしら？
じゃあ、日本から来た人にも飲んでもらいましょう。

まず、ウチのお父さんとお母さん。
「うん、良いかも」「元気になったような気がする」とのこと。
ちなみに店の椅子は、背もたれに弾力がある。
お父さんは元気になって「お母さんもやってごらん」と、
椅子の背もたれに身体を弾ませ、ずっとボインボインやっていた。

日本からやってきた猿にそっくりな、坊主の30代の女性。
「これ、なんかいいですね」と言った。
「精力４点セット」を買おうかどうか、迷っていたほど気に入ったよう。
椅子の背もたれも紹介すると、彼女もボインボインやっていた。

最後にお世話になっている年上のお友達二人。
やっぱり、飲んで元気になってボインボインとやっていた。

ここで一句 精力湯 飲んでハッピー ボインボイン

だけど、のんきにボインボインしてはいられない。

③ 啾啾

④ 咕嚕咕嚕。

③ ちゅうちゅう。

④ ごくごく。

⑤ 哇～喝光了。

わぁーん ⑤
おわっちゃった。

⑥ 但是沒關係。

でもだいじょうぶ。

第一次喝的那天，身體有點不適，才喝不到一半，突然眼睛就啪地變亮，精力全開。台灣菜太油膩，如果胃感覺消化不良的話，一喝下精力湯，馬上神清氣爽。這是我個人的心理作用？
那麼，也請其他的日本人來喝喝看。

首先，嘗試的是我父母。
「嗯，好像很健康」、「精神似乎變好了」。
店裡椅子的背墊，很有彈性。父親靠在椅背上ㄅㄨㄞㄅㄨㄞ地彈起。
精神變好的父親對母親說：「你也試看看，感覺很不錯喔！」

另一個是長得很像猴子，剃光頭的三十歲日本女性。
「這個，真的很健康ㄋ！」她說。
似乎很合她的意，甚至想買「精力湯四商品」來試試。
一介紹彈力椅背，她也ㄅㄨㄞㄅㄨㄞ地試了起來。

後來還帶了二位對我很照顧的年長友人去光顧。
果然也是喝了之後，元氣百倍，ㄅㄨㄞㄅㄨㄞ地試了起來。

想起有趣的繞口令—— 精力湯 喝了幸福 ㄅㄨㄞㄅㄨㄞ

但是，在店裡無法放肆地ㄅㄨㄞㄅㄨㄞ跳。

店には、自称、美人で若いおばさんがいる！

1 おばさんが、真剣な眼差しで薦めてくれるある料理は、
　動物園の味がする。

2 定食のサラダに私の分だけ３回連続バナナを入れ忘れた。

3 メニューの説明をおばさんに頼むと、面倒くさがって
　「私の言うことを聞け」と勝手に料理を決めてしまう。

4 おばさんは、私がこんなに若くてきれいなのはこの
　「精力４点セット」（2000元）のおかげだと芝居がかった
　演技で毎回聞かせる。

5 そのうえおばさんは、
　「私は、もう45なのによく30過ぎにしか見えないと言われる」とか
　「どうしてそんなにきれいなんだと言われる」とか
　「大学生の息子がいるようには見えないと言われる」とか、
　毎回聞かせる。

6 おばさんは、機嫌がよいと私のグッバイぶるぶる（二の腕）を揉む。

7 精力４点セットを買うとき、私は痩せたくて買うんじゃないのに、
　おばさんは「痩せるわよ」とか「あなた絶対私に感謝するわよ」とか言う。

⑦ 加入白開水再來一次。　　⑧ 呼～喝得真乾淨。

⑦ お水を入れてもう1回。

⑧ ふう～っ。きれいにのんだ。

確かに、精力４点セットは価値がある。
私の便秘もとっても調子がいい。おばさんは悪い人じゃない。おばさんは幸せだと思う。ただ、おばさんはすこし困った人種なのだ。買いたくなっちゃうほど若くてきれいって感じじゃないから押し売りされる心配はしていない。こんなことを自分に言い聞かせながら、健康のためにミドリのジュースを飲む。
気を遣いすぎて本当に身体にいいことしてるのか自分でもわからなくなるが、
今日も私は、健康のために店に通う。

「私あなたみたいにきれいになっちゃうと困るから、精力４点セットは買わないわ」
と、いつか言ってやりたい。

因為有個自稱是美女的老闆娘！
1　老闆娘真心推薦的料理有「動物園」的味道。
2　定食的沙拉，連點了三次，只有我的漏了加香蕉。
3　請老闆娘介紹菜單時，老闆娘顯得有點不耐煩，擅自替我們決定「聽我的準沒錯」。
4　老闆娘每次都會上演老王賣瓜戲碼──我會這麼年輕貌美就是靠這「精力湯四商品」
5　除此之外，老闆娘常說：「我已經四十五歲了，別人常說我看起來只有三十幾歲！」
　　或是「你為什麼看起來這麼年輕美麗呢」或是「看不出來你有個唸大學的兒子了」每次必說。
6　老闆娘心情好時，總會捏捏我揮手時搖晃的「蝴蝶袖」。
7　買「精力湯四商品」時，我其實不是想減肥，
　　但老闆娘每次都會說「吃了會變瘦喔」或是「妳一定會感謝我的」。
「精力湯四商品」的確有它的營養價值，讓我排便順暢。
老闆娘不是個壞人，我也認為這樣的老闆娘很幸福。只是，這樣的老闆娘有點令人困擾。
「精力湯四商品」並沒有讓老闆娘美到讓人想買的程度，所以我不擔心她強迫推銷。
我對自己這麼說，是為了健康才繼續喝精力湯。
如果太過在意它的功效，最後反而不知道對健康是好是壞。
我至今依然為了健康常去光顧這家店。
我如果變得和妳一樣美的話會很困擾，所以我不想買「精力湯四商品」。
有一天我很想這麼跟她說。

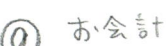

⑨ 買單。

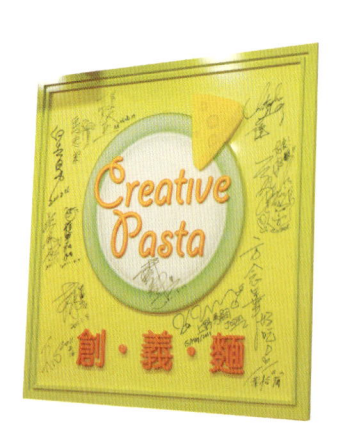

鹹蛋（塩漬け卵）針しょうが 香りバトピザ

奇怪ねー台湾 ❽

パスタ警察

義大利麵警察

台北のパスタのカオスを整理する。

整理台北義大利麵店的混沌情況

創作パスタ

CREATIVE Pasta
主廚特選
① 墨西哥雞肉 $110
② 蒜頭小魚干 $130
③ 煙燻鮭魚 $140
④ 香辣雞肉 $160
薯條+美式嗯酒＝150

① メキシカンチキン
② にんにく干小魚
③ スモークサーモン
④ スパイシーチキン

1 uno 中華食材を使ってたら、「閉店」。

もやしもダメ、タケノコもダメ、さつま揚げもダメ、キクラゲもダメ、ソースにとろみをつけるための片栗粉、使っちゃゼ〜ッタイにダメ。

2 due アルデンテを知らない店は、「重罪」。
この言葉を知らないイタ飯屋は、投獄。

アルデンテ（Al dente）とは、麺に針の先ほどの芯を残してゆでる、ゆで方。イタリア語で「歯ごたえのある」の意味。デュラムセモリナ粉100％じゃないのは、もってのほか。でも、犯行のほとんどがこの手口。調理時間がやけに早いし、麺にコシはないし、太さも変、色も黄色いからゆでおきの偽物麺だと一目瞭然。パスタ警察はすべてお見通しよ！

3 tre 食材を激しくケチったら、「手錠」。

ジェノベーゼが、バジリコじゃなくって、台湾のバジル（よく台湾料理に使ってある、蛤と炒めたりする香草）で作っちゃダメ。
クリームソースに動物性の生クリームを使わずに、牛乳や粉ミルクを使ったら、ダメ。そんな物を作る手は、使えないように手錠かけて、その鍵をドブに投げ捨ててやる！

以上の店は、「台湾式イタリア麺」とサッサと看板を書き換えること！
そしたら、麺罪は免罪。
日本なら、怪しい物を出す店は外観からして怪しいけど、台湾は汚い店がおいしかったりするから、外国人には区別がつきにくい。

1 uno使用中式食材的話，一律「關店」。

不能用豆芽菜，也不能用竹筍，甜不辣也不行，木耳也不行，為了讓醬汁濃稠而使用太白粉，更是絕～對不行。

2 due不知道「彈牙」（Al dente）意思的人，關監牢。不知道這個字的義大利麵餐廳，判「重刑」。

彈牙的意思，就是把麵煮到有嚼勁，麵芯還留有彈牙口感的煮麵方法。義大利文的意思是「有口感嚼勁」。一定要用100%的durum（硬質小麥）和senolina（粗粒小麥粉）做成的義大利麵才行，不能魚目混珠。如果用川燙過的油麵，立即出局。但是，卻有很多人犯這種罪。因為這些麵調理時間很短，麵完全沒有嚼勁，粗細也不同，且顏色是黃的，先煮起來放的假麵條，一目瞭然。這些都逃不過義大利麵警察的尖銳眼睛！

3 tre對食材超小氣的人，「手銬」伺候。

青醬（genovese）不使用羅勒（basilico）而用台灣的九層塔（台灣料理中常用來炒蛤仔的香草）也不行。奶味做的白醬，不用動物性鮮奶油，而用牛奶和奶粉代替的也不行。如果用這種方式做的話，就銬上手銬，再把鑰匙丟到水溝裡，讓你不能用！

以上的店，請盡速把招牌改成「台式義大利麵」！ 這樣的話就能免除「麵罪」。在日本，這種奇怪的店，通常外觀也很奇怪，但在台灣卻相反，髒髒的店面，料理反而好吃，讓外國人根本無法分辨。

だって思っていた物と口にした物が激しく違ったら、嫌でしょ？　あんこ食べたつもりがカレーだったらビックリするでしょ？　残りの人生でごはんを食べられる回数は、あと何回？　そう考えたら、オチオチ失敗はしてられないの。私には、時間がないのよ。

私は、ベルギーワッフルとベルギービールを飲むためだけに本場ベルギーに出かける女。イタリアを南から北まで一ヶ月かけて食べ歩いた女。私は、腹を壊しても飛行機に乗るギリギリまでタイの屋台の味比べをする女。一日の食事は３回って、誰が決めたのと恨む女。胃袋が人間の形をして歩いているような女。朝起きた瞬間から、今日は何を食べるか考えている女。そして、日本の自動車学校の運転適性検査で「人の揚げ足を取らないと気が済まない」という問いに「Yes」と答え、検査結果が数年に一人、二人しか出ない「要注意人物、運転不適性」と出た女。

フランスには、フランスのクロワッサン警察（注：本当にアリ）。
本場イタリアには、イタリアのピザ警察（注：本当にアリ）。
そして私が、台北パスタ警察。
私は、台北のパスタのカオスを整理する。

文句言うなら、サッサと日本に帰れと言われそうだけど、やなこった。
台湾式イタリア麺の中に、本物を見つけたときの喜びは格別だ！

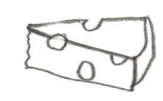

如果想像和真實的味道相差太遠，感覺很糟吧！想要吃紅豆餡卻吃到咖哩，會嚇一跳吧？人生中要吃多少次飯，今後還剩多少次？一想到這裡，就不能再接受這種失敗。我已經沒有時間了。

我是個為了品嚐比利時鬆餅和比利時啤酒而飛到比利時去的女人；花一個月從義大利南部邊走邊吃到北部的女人；即使吃壞肚子也要坐飛機到泰國去吃小吃比較味道的女人，甚至怨恨是誰規定一天只能吃三餐的女人。我是個以胃袋的形狀到處走動的女人。早上一起床立刻開始想今天要吃什麼。此外，在日本駕訓班，做是否適合開車的測驗時，對於「你是否十分在意別人的小錯誤，且一定要提出糾正」的問題，回答「Yes」的女人，聽說好幾年只會有一、二個人得到「此人要注意，不適合開車」的結果。

在法國有法國可頌警察。（註：真的有）在義大利有義大利比薩警察。（註：真的有）我呢，是台北的義大利麵警察。負責整理台北義大利麵的混沌情況。

或許會被台灣人說，抱怨這麼多的話，為什麼不乾脆回日本去呢，真是討人厭。但是，在台式義大利麵裡發現真正的義大利麵時，實在令人格外的開心！

PASTA POLICE★

58

奇怪ね—台湾 ⑨

台湾人と雨
雨天和台灣人

台湾人、雨に強いのか弱いのかよくわからない。
台灣人到底對下雨天的免疫力是強還是弱，讓我一頭霧水。

台北の天気は、カラッと好天より意外と雨が多い。５月から夏の間、一日一回スコールのような雨がドッバと降ってパッと止む。秋は、台風の季節。冬は、長雨がしとしとしと。雨の日、台湾人の足元はビーチサンダル。理由は、濡れても一瞬で乾くから。蒸れるから最初から眼中にないのか、それともあまりかわいいのが売っていないからか、長靴は農作業専用らしく、あまり日常には登場せず。どこに行っても、素足でぺたぺたタラタラ歩いているので、都会の台北でも気どっている感じはナシ。

　そして、雨でもバイクに乗りまくる。ライダーは、シートの下の物入れに必ずレインコートを常備。二人乗りだってへっちゃらで、台風だってへっちゃら。滑るから危ないとか、視界が悪いから危ないとか、台湾人の口から聞いたこともナシ。相対的に運動神経が悪い台湾人でも、バイクのテクはすごいので、雨だって全然気にしない。

　でも……。

　ちょっと台風が来るとイチイチ学校も会社も公休になる。聞いた話だと「台湾は看板が多いから、風で飛んで来たりして危ない」からだとか。前から約束していたことでも、ちょっと雨が降っているだけで簡単にキャンセルにする。雨は、台湾人にとって都合のいい理由。準備も万全で雨なんか慣れっこなはずなのに、都合のいいときだけ雨を恐がる。台湾人、雨に強いのか弱いのかよくわからない。

　ちなみに……。

　洗濯物を室内で乾かして失敗した臭いは、台湾人的にあまり恐くないらしい。ものすごい室内干し臭の人、よくいます。

台北的氣候，比起晴朗的好天氣，雨比想像中多。5月開始的夏季，每天會下一場雷陣雨，突然很大，一下子就放晴。秋天是颱風的季節。冬天則是下不完的毛毛雨。下雨天時台灣人的腳下踏的是海灘涼鞋，因為即使淋溼一下就會乾。雨鞋感覺是農作專用鞋，或許是因為潮濕所以一開始就看不上眼，又或許是因為雨鞋都不太可愛賣的不好，所以日常生活中很少見。不論去到哪裡，大家都光著腳踩 著涼鞋四處走，在都會台北也不會感覺突兀。

　　還有，下雨天台灣人也照樣騎機車四處跑。騎士坐墊下的置物櫃通常備有雨衣。二個人也照樣騎，颱風天也照騎不誤。從來沒聽台灣人說過，因為天雨路滑很危險，或是視線不好很危險等等。即使運動細胞不太發達的台灣人，騎機車的技術也很高超，根本不在意下雨。

　　但是……。

　　只要稍微大一點的颱風來襲，學校和公司卻會放假。據說是因為「台灣街頭的招牌很多，如果被風吹倒四處飛會很危險。」另外，即使很早之前就約好要見面，也會因為下雨這種理由而輕易取消約會。下雨對台灣人來說是個很方便的藉口。明明對雨有萬全的準備且很習慣了，但當想找藉口時，就突然害怕起雨來。台灣人到底對下雨天的免疫力是強還是弱，讓我一頭霧水。

　　順便一提……。
台灣人好像完全不在意把衣服晾在室內產生的霉味。經常可以遇到穿著沒有晾乾的霉味衣服的人。

ピーナッツペースト

パイナップルケーキ

奇怪ね－台湾 ⑩

とっておきのお土産

推薦台灣製日式商品

日本人たちよ、台湾へおいでなさい。

日本人啊，請到台灣來！

調味料たち

> 日本人たちよ。
> もしも人生辛いなら、台湾へおいでなさい。
> こんなにも多くの日本語が街中に溢れ、
> 私たちに笑顔をもたらす素敵な島、台湾へ。

日本人啊，
如果覺得人生苦悶，請到台灣來。歡迎來到這個街道
充滿了日文，為我們帶來歡笑的超優之島，台灣。

とっておきのお土産
推薦台灣製日式商品

← 台湾の国家的ビニール袋

日本の友達は、台湾のスーパーに来ると「手が引きちぎれるほど買って帰るぞ！」と言ってこの手の商品を買いあさっていく。パイナップルケーキも台湾茶も、人気土産の地位を奪われる日は近い。扱う商品はすべて変な日本語のもの、なんて店を作ったら、絶対大人気間違いなし。と言いつつ、自分の中国語も相当変。笑ってごめんなさい。

日本的朋友來到台灣時，我會帶他們到超市去買這些商品，跟他們說：「買到手軟全部帶回日本去吧！」不久後，鳳梨酥和台灣茶這些人氣商品的寶座，將會被這些商品擠下去。如果有裡面都放這些怪怪日文商品的店，絕對會被日本人擠到爆的。雖然這麼說，其實自己的中文也很怪。還笑你們，真不好意思。

❶ 「のりスケット」
（海苔ラケット？ ビスケット？）
「のりラッカー」
（海苔スプレー？）クラッカー

← 指 →

❷ 「TARO」

❶ 省略の仕方に失敗。ビスケットやクラッカーよりも、ラケットやラッカーを連想させる妙な商品名。「のりラッカー」は「海苔のスプレー」と言う意味になる。だけど、そんなスプレーあったって使い道がわからない。「のりスケット」という日本語もない。「のりビスケット」と書くべきだ。

❷ パッケージに「外には香ばしぃチョコレートなガには人をさそぃンむバニラフレーバー」と書いてあるが、カタカナと平仮名が無意味に混ざり合い、「ぃ」だけが突然小さくなってたりして逆に混乱を招く説明文。しかし重大な問題は、その中身。ただの芋を揚げたお菓子であって、バニラもチョコもどこにも入ってない。

① 日文用字省略的方式錯誤。比起餅乾和薄餅，更容易讓人聯想起火箭或是噴漆的奇怪商品名。「のりラッカー」應該是「海苔的噴漆」的意思。但是，這種噴漆應該派不上用場吧。「のりスケット」—日文裡沒有這個字吧，應該是要寫「のりビスケット」。

② 包裝上寫著「外には香ばしぃチョコートなガには人をさそぃンむバニラフレーバー」（外面包著香濃巧克力，裡面是誘人的香草味），平假名和片假名無意義的混在一起，只有「ぃ」突然變得很小，是讓人感到困惑的混亂說明文字。但是，重要的是裡面的內容物，只不過是炸芋頭餅，完全沒有香草也沒有巧克力的蹤影。

65

❸「名古屋のスリシパ」

⌘ 関連資料

❸「名古屋のスリッパ」と書きたかったのだろうが、後ろから二文字目の「ツ」を「シ」と間違え、文字のサイズも間違えている。ココまで違うと発音がまったく別物になる。この手の間違いは、変な日本語の定番なので驚くことはないが、この商品は正しくは「靴の中敷」であり、「スリッパ」ではない。そのうえ、日本の文化・畳を勝手に臭い足の臭い消しにしている。そして、よく見ると注意書きの「再度使ラニとがでさます」は、もう判読不可能で宇宙語だ。
⌘関連資料：コレが本当のスリッパ。ファッション雑誌の見出しから盗んだと思われる日本語でいっぱい。日本語は正しいが、あまりに唐突すぎて全然意味がわからない。

③ 應該是想寫「名古屋のスリッパ」吧！倒數第二個字「ッ」寫成「シ」，字的大小也不一樣。這種錯誤是常弄錯的怪日文，還是可以猜出真正的字義是什麼，一點也不令人驚訝，奇怪的是，商品真正的內容物是「鞋墊」，不是「拖鞋」，是完全不同的商品。而且擅自加上自己的想像，認為榻榻米是日本的重要文化，應該可以消除腳臭。再仔細一讀，「再度使ラニとがでさます」（可以重複使用？？？）更是無法判讀的外太空語。
⌘ 相關資料：這才是真正的拖鞋。上面印滿了從時尚雜誌剪下來的日文大小標題。雖然日語正確無誤，但實在太唐突，完全沒有意義。

❹「焼きこんにゃく」
（烤蒟蒻？）

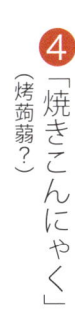

❺「MODERN TOP 48」

❹ 商品名の和訳を見たら、焼仙草を日本人はこんにゃくドリンクだと思ってしまう。そして「プゥスチック」とあるが、意味はよくわからない。なんだかオナラの音みたいだ。＊焼仙草＝仙焼と言う植物からできている真っ黒のゼリー。漢方系でほろ苦さがあるがシロップなどで甘くして食べる、台湾で一般的なデザート。

❺ この商品は、ニプレスである。「あなたのブラジセーはしつくりと決まっていますか」と言われても、「ブラジセー」って一体何だ？　だいぶ経って「ブラジャー」と判明したが、直径48mmとは、軽く日本の二倍はある。台湾人のサイズを想像してちょっと恐くなった。

④ 一看商品的日文說明，是鋁箔袋裝的仙草粉。原來日本人誤以為燒仙草是蒟蒻的飲料。還有「プゥスチック」的字樣，但不知道是什麼意思，猜想是塑膠袋裝（プラスチック）的意思吧！怎麼有點像是放屁的聲音。＊燒仙草：一種叫仙草的植物做成的黑色果凍。中藥的一種，微苦，通常加果糖食用，台灣常見的甜點。

⑤ 這個商品是「胸貼」。看到「あなたのブラジセーはしつくりと決まっていますか。」（你的ブラジセー大小適合嗎？）的說明，還是無法理解「ブラジセー」是什麼。很久以後才明白，原來是「胸罩」（ブラジャー），但是真正的商品其實是胸貼。直徑48mm，幾乎是日本的二倍。想像台灣人的size，真有點恐怖。

67

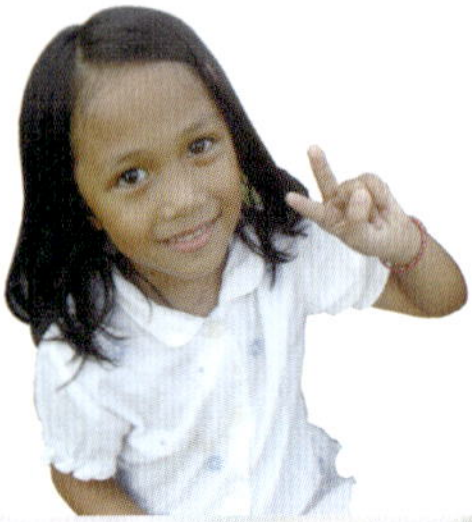

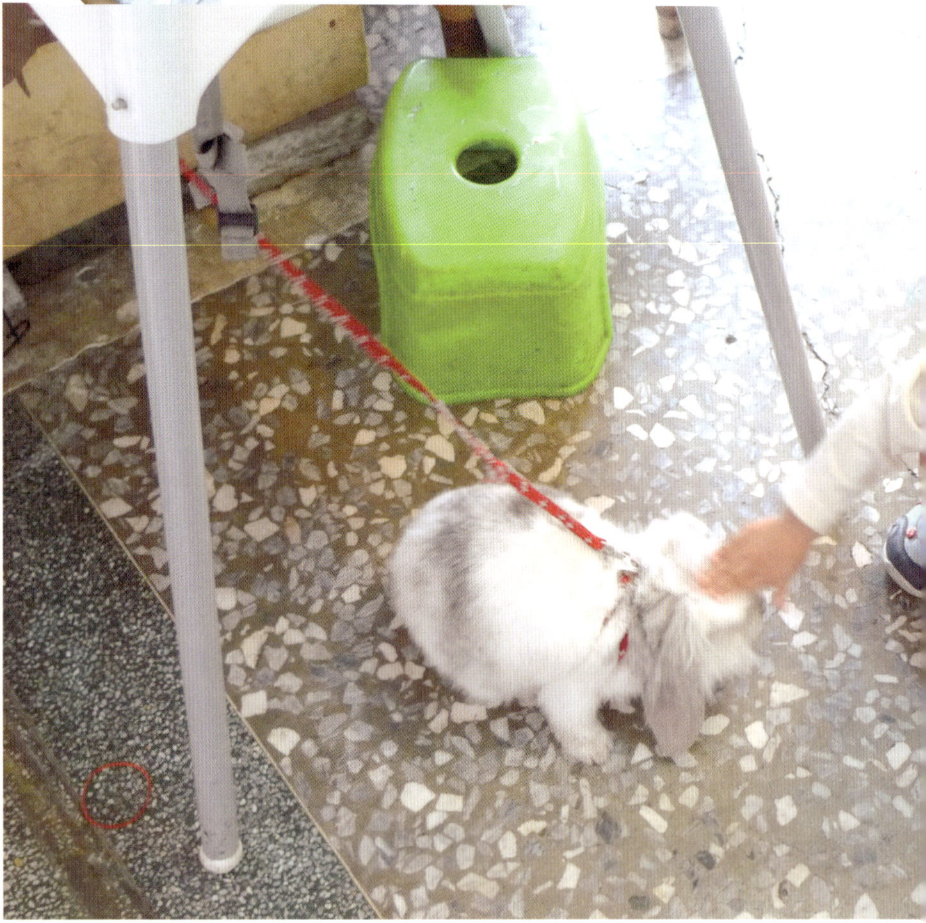

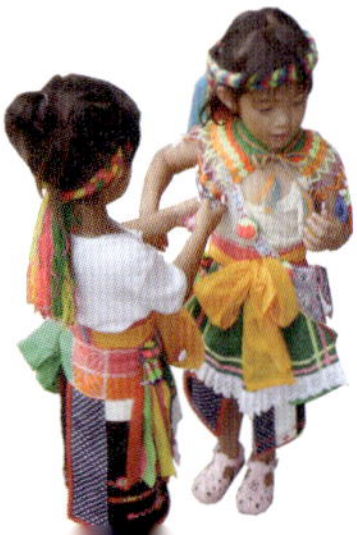

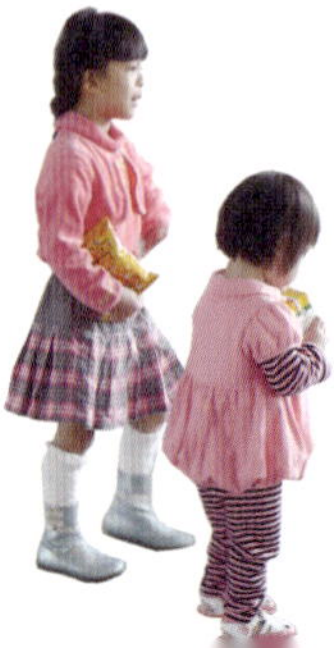

奇怪ねー台湾 ⑪

日本の女の子と台湾の女の子

台灣女孩與日本女孩

どっちがかわいいか？

哪一個比較可愛？

どっちがかわいいか？
日　台　Q&A　那一個比較可愛？

台湾人は、日本の女の子のほうが痩せていると思っており、
日本人は、台湾の女の子のほうが痩せていると思っている。
Q　　：ドッチが正しいか？
答え：台湾人のほうが、スタイルがいい。
　　　日本人は、たとえ痩せていても胴が長い。足が曲がってる。
　　　ケツが垂れてる。腕が短い。ちんちくりんだ。
理由：畳文化＆正座生活の名残。
　　　椅子文化で形成された台湾のスタイルには勝てない。

台湾人は、日本の女の子のほうが肌がきれいだと思っており、
日本人は、台湾の女の子のほうが肌がきれいだと思っている。
Q　　：どっちが正しいか？

不整理鬍子 　　指毛 　　腋毛

牙齒不整齊 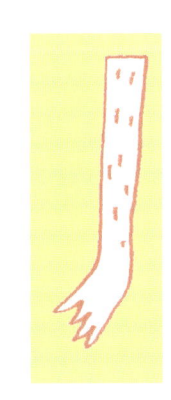　　腳毛

台灣人認為日本女孩比較瘦。
日本人認為台灣女孩比較瘦。
Q：哪一個才正確？
A：台灣人體型比較美。
　　日本人，即使瘦，但上半身長，腳有點彎，屁股下垂，手很短。
　　短小卻拙得可愛。
原因：榻榻米跪坐文化的影響。所以比不上椅子文化的好體態。

台灣人認為日本女孩的皮膚比較好。
日本人認為台灣女孩的皮膚比較好，
Q：哪一個才正確？

答え：台湾人のほうが、肌がきれいだ。張りがいい。艶がいい。
　　　日本人の肌は白い（化粧してるし）。張りがない。艶がない。
　　　シミしわが多い。
理由：台湾人は、骨付きの肉や鶏の足に手づかみで食らいついて、コラーゲンを摂取する。そのうえ気候も関係し、おかげでお肌は乾燥知らず。

私とその周りの数人の日本人は、日本人のほうが顔立ちがいいと思っており、台湾人は、おもしろい顔が多いと思っている。

Q：　では実際はどうか？
答え：現時点では日本がかわいい。でも、最近は台湾も頑張っている。

理由：台湾人のほうが健康的でスタイルもよく、姿勢がいい。パワーがある。はつらつとしてるし、笑顔も性格もいい。スネゲ、ウデゲがない。が、ヒゲが生えてる。眉毛がボサボサ。日本人は、はつらつとしてない。姿勢が悪い。疲れた感じがある。台湾人に比べて無表情。スネゲ、ウデゲに続いてユビゲまである。しかし、ヒゲはない。あっても、眉毛と同時に処理してる。頭のてっぺんから足のつま先まで手入れがよく行き届いている。

こうなると戦いは互角。
台湾に来たての頃、「台湾人は顔のデッサン狂ってる。ちょっとダサイ」と思ってたけど、最近日本に帰ると「日本人は疲れている」と思う。それに、みんな一緒の髪型。化粧。服。画一化されているのでやめて〜、と言いたくなる。台湾は最近化粧をするようになって、おしゃれになった。顔のパーツの位置が間違っていない台湾人が頑張れば、全体的な平均点の底上げを図れる。だって、健康的。はつらつ。スタイルよし。姿勢よし。笑顔が多い。あとはヒゲだけ剃ればいい。

（注）私のことは棚に上げた。

Ａ：台灣人的皮膚比較好。有彈性，又有光澤。
日本人皮膚很白（因為化妝的關係），皮膚沒有光澤，斑點、細紋也多。

原因：台灣人時常用手直接啃咬帶骨的肉和雞爪，膠質攝取量充足。
　　　和天氣也有關係，台灣潮濕，皮膚很少乾燥的問題。

我周遭的幾位日本人認為日本人的臉比較細緻，台灣人的臉比較有趣。
Ｑ：實際情況如何？
Ａ：目前的觀察，日本人比較可愛。但是，最近台灣也有追上來的趨勢。

原因：台灣人健康，體態好，姿勢正確，看起來活力十足。活潑，開朗常
　　　笑，個性好。沒有腳毛、手毛。但是，卻長鬍子。眉毛也稀疏雜
　　　亂。日本人沒有這麼活潑，姿勢不良，感覺懶洋洋的。和台灣人比
　　　起來面無表情。有腳毛、手毛，連手指都有毛。但是，沒有鬍子。
　　　即使有，也會和眉毛一起整理，從頭頂到腳底都會很注意。

如此一來，雙方呈拉鋸戰。
剛來台灣的時候，覺得「台灣人的五官很怪。有點ㄙㄨㄥˊ」
但最近回日本時覺得「日本人都很疲憊」。
此外，大家的髮型、化妝、穿著都一樣。
很想說：饒了我吧！

台灣最近化妝的人變多了，變得比較時髦。
台灣人如果加把勁，總平均分數將會提高。
因為大家健康、活潑、體態美、姿勢佳、笑容又多。
剩下的就是把鬍子剃了。

（註）以上言論請把我排除在外。

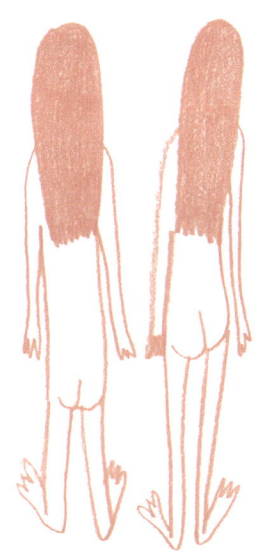

脱がせてみればすぐわかる。

column 2 台湾で出した本が日本でも出せたキッカケαキッカケのキッカケ

　弟子生活をやめ、マジメに中国語の勉強をしだした頃、将来が不安になり始めました。台湾のオモシロライフを熱心に日本の友達にメールで発信していたからか、私の不安や焦りにもかかわらず、毎週のように日本人が私を訪ねて来ます。中国語の勉強に身が入らず、台湾人と遊ぶ時間もなく、ただ出費がかさみ、観光客と一緒に食べつづけて9キロもデブに。

　このまま日本に帰っても、お嫁にも行けず、ろくな仕事も得られません。なのに、世話になった台湾人全員が、「青木が日本に帰ったら遊びに行く」と言っています。みんなが束で日本に来て、"度を超えた台湾式の接待"に見合うお返しをしようと思ったら、銀行強盗でもしないと追いつかない。これはマズい！ ほかに台湾人が喜ぶ恩返しを考えてみよう。そうだ、日本人に台湾を紹介したら、きっと台湾が大好きな人が増える。台湾にはたくさんの日本好きがいるから、日台は両想いになる。台湾の魅力をもっと広めていこう！

麼推銷才好。帶著可愛包裝的台灣產黑金鋼花生，和蝦米，再配上茶，和出版社的人大聊台灣的趣事，但沒有準備企畫書也沒準備名片的我，不過是一個罕見的奇怪客人。不過，我很努力。

因此，有人願意給我專欄時，我高興的就要沖上天。

專欄不久也結束，我又開始不安了。當我四處跟人說：「我要回日本」，茶行的老闆跟我說：「不要回去」，還介紹畫廊給我。於是我在附近的店買了和紙和墨，專心地畫畫。我想這應該是我第一次也是最後一次的海外個展（明明沒看過我的畫）。畫廊的牆壁也是我一個人默默的塗，很幸運地獲得了大回響。（這之前我其實沒有水墨畫作品展出的經驗）。在畫廊交到了一些朋友，也被引介了台灣的編輯。看到「會畫畫，而且在日本寫過專欄」的我，編輯誤認為我很厲害，看了我寫的東西後，編輯跟我說：「把它寫成書！」（其實編輯根本看不懂日文）。

74

早速、日本の出版社に売り込み開始。でもやり方がわかりません。かわいくパッケージした台湾の黒いピーナッツや干しえび、お茶を配って台湾話で盛り上げたけど、企画書も名刺も準備していない私はただの珍客。でも、がんばりました。だからコラムをもらえたときには、飛び上がって喜びました。

　そして連載が終わり、また不安に……。「日本に帰ろう」と言いふらすと、お茶屋さんが「帰るな」とギャラリーを紹介してくれました（私の絵を見たこともないのに）。それから和紙と墨を近所で揃え、心を込めて描きました。たぶん、最初で最後の海外個展。ギャラリーの壁の色も一人で塗り替え、おかげで大反響（それまで墨絵での作品展経験はなかったけど）。そこで知り合いもでき、台湾の編集者も紹介してもらえました。"絵も描ける、日本でコラムを持っていた"私は、一見すごそうに見えたらしく、私の書いた物を見て「本を書け」と言いました（編集者は日本語が読めなかったけど）。

つづく → P.112

＊在台灣出的書在日本也能出版的契機之契機之契機＊

結束學徒的生活，開始認真學中文時，我也對未來漸漸感到不安。或許是因為我開始發mail，熱心地和朋友介紹在台灣的有趣生活，但每週幾乎都有日本朋友來找我，於是我懷著不安和朋友們四處玩。我不但沒有全心全意學習中文，也沒有時間和台灣人處吃喝，一口氣胖了九公斤。

如此一來，回到日本不但嫁不出去，也找不到什麼好工作。照顧我的台灣人無法跟我說：「如果你回日本，要到日本找你」。要是全部的台灣人都來日本找我，恐怕去搶銀行也無法以「台灣式的超級熱情款待」回報台灣人。不行！我要想想其他台灣人會開心的報答方式。對了，把台灣介紹給日本人，讓愛上台灣的人越來越多。台灣有很多喜歡日本的人，如此一來台日就能兩情相悅。把台灣的魅力散播出去！於是我立即展開行動，去日本的出版社推銷自己。但不知道怎

トイレのフタに
本物のヒトデや貝

奇怪ね―台湾 ⑫

台湾人とカバー
台灣人和套子

> 台湾人は、なぜこれほどカバーが好きなのか？
> 台灣人為什麼這麼喜歡套子呢？

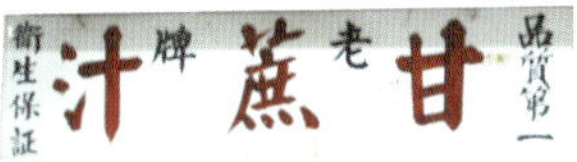

↑よくこんなに集めたな
竟然收集了這麼多？

「よくこんなに集めたな？」
と感心するほど大量の携帯カバーや
「どうゆうこと？」
と考え込むほどのシャワーキャップが雑貨店にぶら下がる。
さらに驚きのラインナップは、ティッシュカバー、洗濯機カバー、
テレビカバー、炊飯器カバー、冷蔵庫カバーなどなど……。

炊飯器にカバーなんかして、なんだか使いにくそう。
冷蔵庫にカバーするのって、デカくて大変そう。
テレビにカバーしたら見なくなりそう。
全然機能的じゃないカバーばっかり。
台湾人は、なぜこれほどカバーが好きなのか？
だけど、どうしてアレがない？

「竟然收集了這麼多？」
令人驚訝的大量行動電話套，
或是「這是怎麼回事？」讓人不自覺地這麼想的淋浴帽掛在雜貨店。
除了這些讓人訝異的大量陳列的商品之外，
還有面紙套、洗衣機套、電視套、電鍋套、冰箱套等等。

電鍋還要加上套子，這樣使用起來很不方便吧，
冰箱的套子，太大了很難用吧。
電視加上套子，怎麼看呢？
這些套子完全不是著重功能性。
台灣人為什麼這麼喜歡套子呢？
但是，為什麼沒有「那個」？

便座カバー。

トイレの便座、蓋、足下に敷くマットとスリッパが、お揃いでトイレを演出する。主に家庭で使用され、冬は冷えた便座からお尻を守り、夏は汗による便座のベタ付きを防ぐ。ファンシーな物から、シックなブランド品までバリエーションも豊富。日本人家庭ご愛用のアイテム。

この「どうして？」を切り口に、両者がカバーを使用する目的を考えてみた。

台湾人は、汚れたり古くなった物を隠すためにカバーをして、日本人は、洗いにくい物を汚れから守り、汚れたらカバーを洗って清潔を保つ。
つまり、汚れたら掃除するより見なかったことにしてカバーで隠す台湾人と、汚れる前にカバーして防ぐ日本人。

ここから国民性の違いを考える。
先の心配をせず、豪快に、自由に、勢いよく、新しいことに取り組むのが台湾人。先見の明を持って、過去のデータをもとに緻密な調査と万全な準備で、しっかりと予防線を張ったうえで先に進むのが日本人。
さらに失敗に慣れっこで、テキトーに取り繕うのが台湾人。
やる前に、失敗を恐れて疲れちゃうのが日本人。

日本にあって、台湾にないもの。
台湾にあって、日本にないもの。
日本と台湾、人間ウォッチング。

馬桶坐墊套。

馬桶的坐墊、蓋子、腳踏的墊子和拖鞋,是全套的廁所配備,每個家庭都會有。
冬天上廁所時,屁屁才不會冷,夏天上廁所時,才不會因為流汗而黏黏的。
而且有各式各樣的圖樣,從夢幻到花樣素雅的名牌品,樣式豐富。
是日本人家裡愛用的物品。

「為什麼?」我很疑惑,所以嘗試去思考台灣人和日本人使用套子的不同目的。
台灣人為了要把髒掉或老舊的東西遮住而使用套子,日本人則是為了讓物品不容易變髒而使用套子,套子變髒時,只要拆下來清洗就能常保清潔。
換句話說,與其弄髒了再來清掃,倒不如用套子遮住就看不見了,是台灣人的思考;
日本人的思考則是,在弄髒前先套起來。

從這一點可以看出民族性的不同。

台灣人不會去擔心將來的事,總是很豪爽、自由,立刻不假思索地嘗試新的事物。
日本人對未來想很多,並以過去的統計資料為基礎,做細密的調查和萬全的準備,
凡事以預防的角度思考。
此外,台灣人很習慣失敗,也很會做事後的適度補救;亡羊補牢。
日本人則是在尚未行動前就害怕失敗而弄得筋疲力盡;未雨綢繆。

日本有台灣沒有的東西。
台灣有日本沒有的東西。
這就是我觀察到的日本人和台灣人之間的差異。

青空の下のカラオケ大会

奇怪ねー台湾 ⑬

台湾人とカラオケ
和台灣人一起去KTV

ストレスって何？
壓力是什麼？

実はひとりぽっち

ビールに氷を好んで
入れる台湾人

喝啤酒愛加冰塊的台灣人

樽でビールを
注文する台湾人

叫一大桶啤酒的台灣人

上司が歌っていても前を遮って
ほかのことに夢中になれる台湾人

即使上司正在唱歌也能擋在他面前專
注其他事情的台灣人

うまく撮れなかたけど、なぜか左右の
紙の色が違う台湾のカラオケの曲目リスト

沒辦法拍得好，但不知為什麼曲目的
左右兩頁的紙顏色竟然不同

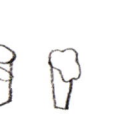

日本では、ほとんどカラオケには行かない。
たいしてウマくもないのに、顔を作ってウットリ唱う、あの雰囲気が気持ち悪い。
音痴に限ってカラオケ好き、というのが世の常でもある。
だいたい、あれでしか自己表現ができないなんて、何とも寂しい話だ。
これ以上書いたら、カラオケ好きが手配した刺客に殺されるかもしれない。
もう、ヤメておこう。

で、台湾でカラオケ。
台湾人となら、喜んで行く。だって、おもしろい。
最初から最後まで無法地帯で、失礼極まりない。ワクワクする。
失礼をされたほうも、失礼だと気づいていない。見ていて楽しい。

在日本，我幾乎不去ＫＴＶ。
明明唱得不太好，還要假裝一副陶醉的樣子，那氣氛真有點令我作噁。
以一般論來看，只有五音不全的人才會喜歡去ＫＴＶ。
這些人只能靠這樣的方式來表現自己，真是寂寥啊！
啊，再寫下去，可能會被ＫＴＶ愛好者派殺手暗殺。批評就到此為止。

來說說台灣的ＫＴＶ文化。
如果和台灣人一起去ＫＴＶ的話，
我倒是欣然同行。因為實在很有意思。
從頭到尾是個無法管治的地帶，
極端失禮也無所謂，真的很令人興奮。
即使別人做了失禮的事，大家好像也沒發現。
看了覺得有趣。

まず、約束した時間に人が来ないのは、当たり前。
少人数で、勝手に始まる。
予想どおりの台湾式スタート。
どんどん曲を入力して、どんどん唱い始める。
バラバラと後から人が来る。
飲み物は、デカイピッチャーに入った気の抜けたビール。
それに氷をいっぱい入れて飲む。すごくマズイ。
中華圏で好まれる飲み方。
みんなこれをひたすら、ビックリするほど飲む。
けっこう辛い。
周りを見渡せばみんなも辛そう、私だけじゃないみたい。
それに気づいて楽しくなる。
おいしくお酒を飲む方法なんか考えちゃいけない。

首先，大家當然不會按照約定的時間到達。先到先唱，人少也無所謂。果然是台式的開場。大家把握時間猛點歌，一首接一首唱了起來。晚到的人陸續抵達。飲料是一大桶啤酒，而且還沒了氣，加入一大堆冰塊後飲用。非常難喝。這是大中華圈特別喜歡的喝法。大家竟也這麼大口喝了起來，還猛灌。相當辛苦。看看其他的人，似乎也很苦，不止我一人。發現這一點後突然變得很開心，在這裡不能講究喝好酒的方法。

用筷子夾冰塊……

啤酒裡加一個1！！

再加～～！？

割り箸で氷を……

ビールの中に一個!!

まだ入れる～!?

證據照片!!

誰かが唱ってても、誰も聞いてない様子。唱ってる人も、人に聞いてもらおうと思って唱ってない様子。歌い手は、続けて、5、6曲分のマイクを独占する。日本だったらこうゆう人は、次から即、仲間ハズレ。でも、ココは台湾。「一人で続けて唱うなよ」と、文句言うくらいなら、負けずにとっとと曲を入れればいい。

さらに、同じ曲を続けて何度も入れる習慣がある。Aさんが唱おうが、すぐあとにBさんも同じ歌を唱っちゃう。続いて、CさんもDさんも唱っちゃう。これも、日本じゃあんまりない。日本なら「誰々の十八番」みたいな暗黙の了解があって、誰かの十八番は、他人が侵しちゃいけない領域だったりする。もし唱うなら、だいぶ時間を置いてからじゃないとダメ。

でも、ココは台湾。

さらに、まだある。台湾のカラオケ無作法。あ、間違えた。台湾のカラオケ御作法。カラオケボックス内にあるパソコンで、ネットやゲームを始めたりする。もしくは、唱わず酒を飲んでる軍団が、唱ってる人のマイクの声より大きい声でゲームを始めて盛り上がる。

不管輪到什麼人唱，好像根本沒有人在聽。正在唱的人，好像也不奢望大家聽他唱。還有人連續唱五、六首，就這麼獨佔著麥克風。在日本，這種人下次就會被大家摒除在外。但是，這裡是台灣。「不要一個人獨佔麥克風！」如果想抱怨的話，倒不如插歌把麥克風搶回來比較實在。

此外，同樣的歌還會連續不斷地被點唱。Ａ先生唱了後，Ｂ小姐又點了同樣的歌，接著Ｃ先生和Ｄ小姐也跟著點。再亂一點，甚至大家一起唱了起來。這種情況在日本也很少見。在日本，大家都心知肚明這是「某某人的主題曲」，某某人的主題曲，其他人是不能隨便點的，不可侵犯的。如果想唱同一首歌，也要等過了一段時間後才行。

但是，這裡是台灣。還有更誇張的。台灣的ＫＴＶ真是超亂的。啊，錯了。台灣的ＫＴＶ真是超正的。竟然有人在ＫＴＶ包廂內，打開手提電腦開始上網或玩起遊戲。有時底下休息喝酒的人反而鬧得比麥克風的聲音更大。

↓上司

誰も聞いてない
沒有人在聽

↑部下

一人で歌ってる
一個人在唱歌

こんなにも、唱ってる人を無視するなら、
日本人なら「一人で行ったほうがマシよ！ぷりぷりっ」
って怒っちゃう人もいると思う。が、やってみると楽しいのだ。
あ！いいこと考えた。
日本人は、台湾作法のカラオケをやってみて
台湾人は、日本作法のカラオケをやってみると
けっこう楽しめるかも？

台湾式
1 約束の時間どおりに来てはいけない。
2 唱いたければ、誰かが唱ってる歌をどんどん取って唱ってもよい。
3 ビールは炭酸を抜いて氷を足して、できるだけマズイものをたくさん飲む。
4 一度マイクを握ったら、一人が続けて５曲は唱う。
5 唱ってる人以外は、ゲームをするなどして別のことで大騒ぎをする。

在日本，如果正在唱歌的人如此被忽略的話，我想一定有人會很生氣，
「早知如此就一個人去唱了！氣！」但是，試看看還滿有趣的。
啊！我有個好主意。日本人如果試試台式的ＫＴＶ禮儀，
而台灣人試試日式的ＫＴＶ禮儀，應該滿快樂的？

台式
1 不能照約定時間準時到。
2 只要想唱的歌，即使已經有人在唱，不用客氣，儘管點來唱。
3 啤酒即使沒氣，再加入冰塊，搞得超難喝，但還是盡量喝。
4 只要有機會握麥克風，每個人至少連唱五首。
5 底下的人，自己找樂子，玩電玩或大聲吵鬧也無所謂。

日本式
1 時間どおりに行く。
　行けない人は必ず電話連絡を入れて、どれくらい遅れるかを伝えておく。
2 他人の歌は、下手でも手拍子しながら楽しそうに聞く。
　唱い終わったら、「上手〜」とか「歌手の誰々に似てる〜」とかおだてる。
3 社会人は、飲み物は個人の好みに合わせ、各自オーダーを取る。
　安いからってピッチャーでまとめて取ったりはしない。
4 人の歌は取ってはいけない。さらに、誰かが唱った歌をすぐに唱ってはいけない。
5 唱ってない人は、できるだけ他人の歌を聴いてるふりをする。ほかの遊びをしてはいけない。

これらを見てわかるように、日本人はカラオケでも、ストレスをためているんじゃないかと思う。それとも、私が参加した台湾人のカラオケが自由すぎたのかしら？　台湾人は、自由で素敵かも？

日式
1 準時到達。
　會晚到或不能到的人，一定要打電話連絡，通知自己何時會到。
2 即使其他人唱得很爛也要一邊打拍子，假裝聽得很開心，
　唱完時還會拍馬屁「好厲害〜」、「和哪一位歌星很像〜」等等。
3 上班族的話，各自點自己喜歡的飲料喝。禁止因為很便宜，就點一大壺一起喝。
4 不能點別人的主題曲，也不能點前面的人剛唱完的歌。
5 其他人要裝作很認真在聽別人的歌，不可以玩其他有的沒的。

由以上情況看來，日本人即使去ＫＴＶ，好像也是很拘謹、
充滿壓力。還是我參加的台灣人ＫＴＶ太過自由？
台灣人真的很自由隨性，很讚！

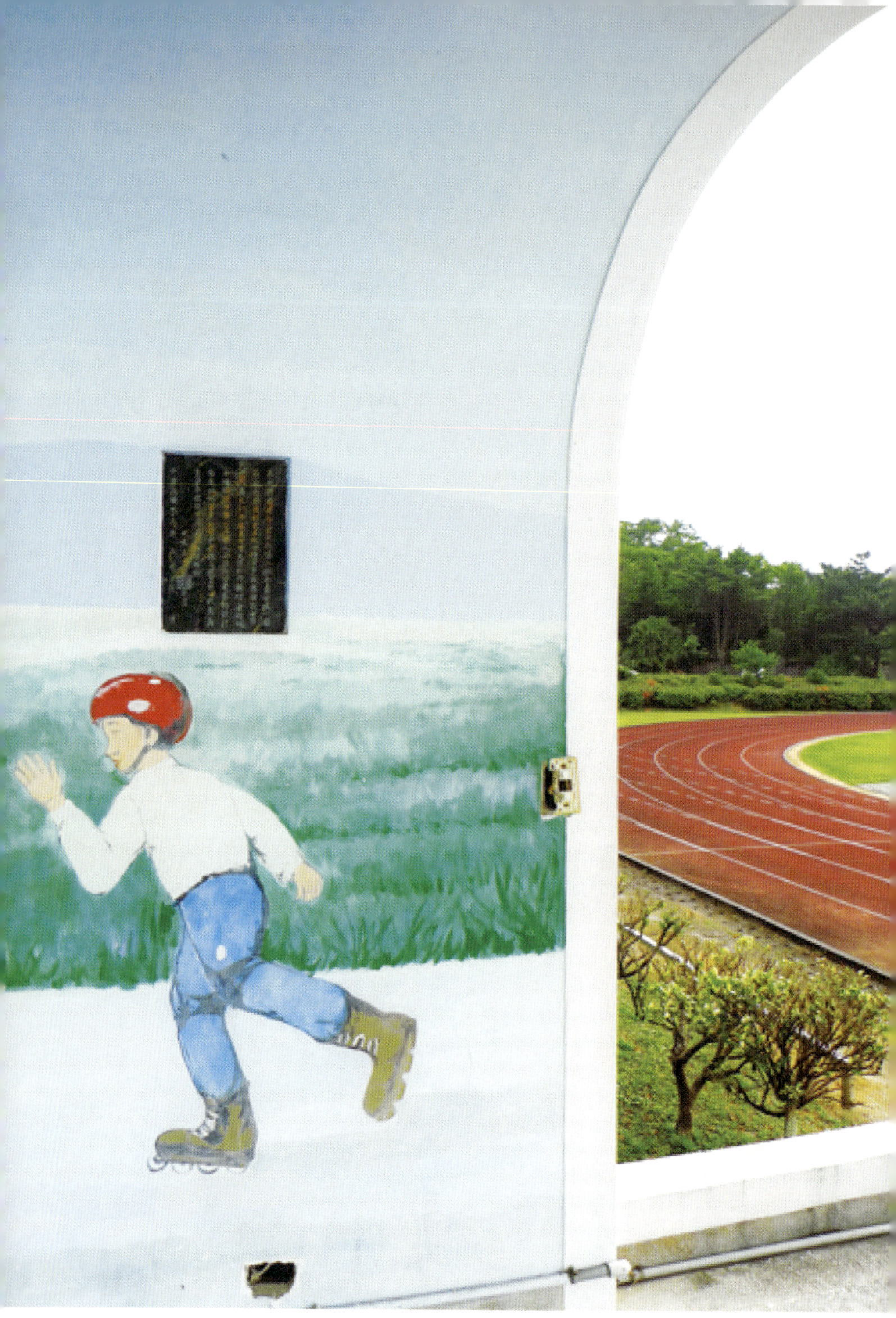

奇怪ね-台湾 ⑭

台湾人の歩き方

台灣人走路的方式

> 早く歩いてみませんか？
> 要不要試著走快一點啊？

日本では、通勤通学の時間にモタモタ歩いてるわけにはいかない。私は小さい頃から「朝は、戦争だ。グズグズするな！」と言い聞かされて育った。朝のそんな時間帯に、横に並んでタラタラ歩くのは、一種の公害という概念がしみ込んでいる。ついつい横並び歩きしちゃうのは、女子高生くらい。横並び歩きをすると高校の近所の住人から、歩行妨害をするなと学校に苦情が来たりして、「横並び歩き禁止」と朝礼で注意される。「横並び歩きは迷惑だ」と、青年期に脳にインプットされているのだ。さらに日本人はもともと忍者だから、背後に人の気配がすると、サッとかわすことができる。この手の能力は、老若男女非常に長けている。

在日本，通勤上學時間是不可能讓你拍搭拍搭慢慢晃的。我從小被如此教育長大，「早上是戰爭。不要慢吞吞的！」早上通勤時間，如果肩並肩走在街上，在我的觀念裡，是一種「公害」。不自覺肩並肩行走的人，只有女高中生吧！如果時常肩並肩行走的話，學校附近的居民，會到學校抗議，要學生不要肩並肩走在街上。朝會時，學校會要學生注意，「禁止肩並肩行走」。因此，「肩並肩行走會造成別人的困擾」這種觀念在青少年時期就被內化。再者，日本人以前曾經是忍者，如果背後有人靠近的話，就會立刻讓開。這樣的直覺，男女老少都很敏銳。

Taiwanese
台灣人走路太慢　狗撒尿

歩くのが遅い台湾人　犬におしっこかけられる

Japanese
まっすぐ歩く日本人　日本人直走

台湾人は歩くのが遅い。

歩くのが嫌いだから、たぶん嫌々歩く。追い抜きたくても、どいてくれない。鼻息がかかるほど背後に接近しても気づかない。大きな声で声をかけないかぎり、気づかない。朝、この状況に遭遇すると、「朝は戦争」と脳細胞にすり込まれた私は、鼻息どころか鼻から炎を吹きそうになる。鼻から炎、吹けるもんなら吹いてみたい。じゃあ、吹いてみたとする。たぶん、ほとんどの台湾人は大やけどだ。ほとんどの台湾人が、私が火を吹く状況をつくる可能性がある。そして、私は危険人物として国際指名手配になる。それじゃあ困るので、台湾のみなさんにお願いします。「早く歩いてみませんか？」もしくは、「もっと背後を意識しませんか？」

Taiwanese
台灣人不會直走
まっすぐ歩けない台湾人

台灣人走路實在很緩慢。可能是因為不喜歡走路吧，才會懶懶散散的。即使想要超前，前方的人也不讓路。已經可以感覺到後方人的鼻息，或快要貼到背，也完全沒察覺。不大聲說出口的話，前方的人完全沒發現。早上上學時如果碰到這種情況，我腦海裡「早上是戰爭」的細胞立刻甦醒，豈只是鼻息，鼻子都快噴火了。ㄣ，真的能噴火的話，真的很想噴看看。如果真能從鼻子噴火，大概所有的台灣人都要被燒傷了。換言之，所有的台灣人可能都會被我噴出的火追著跑。然後，我會成為跨國通緝的危險人物。這麼一來我就頭大了，各位台灣人，拜託啦！「要不要試著走快一點啊？」或是「多注意一下背後的動靜吧？」

Japanese
日本人直走　まっすぐ歩く日本人

提案

「背後に意識を！ 全台湾早歩き」

キャンペーン！

〜プリプリ歩けば、心晴れ晴れ。
　　　心身共にリフレッシュ！〜

我的提案：發起「注意背後！全民快步走！」
〜抬頭挺胸闊步行走，心情開朗。身心refresh〜

冗談抜きにして、このままでは台湾が危ない。
もし背後から敵が攻めてきたら、間違いなく全員死亡。
日本人は、背後に他人の気配を感じたら、親切心じゃなく、
不快感や危険を察知して道を譲る。

說真的，如果再這麼下去台灣會很危險。如果敵人從背後偷襲，一定會全軍覆沒。
日本人當感到背後有別人靠近時，不是因為親切，而是感到不愉快和危險才讓路的。

台湾人は、なぜこんなに鈍いんだ？（あ、失礼）
　これは、パーソナル・スペースの問題ではなかろうか？　他人が自分にこれ以上近づいたら不快だ、と思うスペースは、人それぞれ違うけど、台湾人はこのパーソナル・スペースが小さいと思う。女の子同士でもよく手をつないで歩いてるし（日本人から見ると同性愛者かと思う）、台湾人と話していても「そんなに近寄るなよ」と思うことが多い。不快なのでジリジリ後ずさりし、最後には部屋の角まで追いやられてしまうこともある。列を作って並んでいるときも、「そんなに近寄るなよ」となる。
　アジアに比べて、欧米はこのパーソナル・スペースが広いと言われているが、私の見解では、中華系全体も狭いと思う。さらに台湾は土地がチッコイから、もっと狭くなるんじゃないかしら？　パーソナル・スペースは、個人の性格を反映する。そう考えると、台湾人は日本人に比べて外交的だとも言える。だけど、「熱い気候なのに、あんまりくっつくなよな」とも思う。
　話が散らかってしまった。ココで言いたいことはなんだったっけ？
　もっと背後を意識しないと、台湾人は全員やられるぞ！　ということだったか、私が鼻から火を吹いて国際指名手配にならないように協力してほしいとか、そんなことだったと思う。

我想這是人我距離（personal space）的問題吧？
他人接近自己到什麼程度會讓人感到不愉快，因人而異。我想，台灣的人我距離比較小。女性朋友間，時常手牽手走路，（以日本人的角度來看，一定以為是同性戀）和台灣人談話時，我常在心裡想「喂，拜託不要那麼靠近」。因為不愉快只好自己不斷地後退，最後甚至被逼到屋子的角落。排隊時也時常心想「喂，請離我遠一點」。和亞洲人比起來，歐美的人我距離是比較寬的，以我個人的看法，中華圈的距離特別的窄。然後，因為台灣人多地少，所以距離又更縮小了吧？人我距離反映了每個人的個性。因此，常有人說台灣人的社交能力比日本人好，但相反地，我卻認為「台灣已經這麼熱了，可以不要再貼那麼緊嘛！」好像越說越遠了。我到底想說什麼？如果對背後的動靜不敏銳一點，有一天全台灣人都會被暗殺喔！為了不讓我的鼻子噴火，成為跨國通緝的對象，請大家多幫忙。這才是我想說的事。

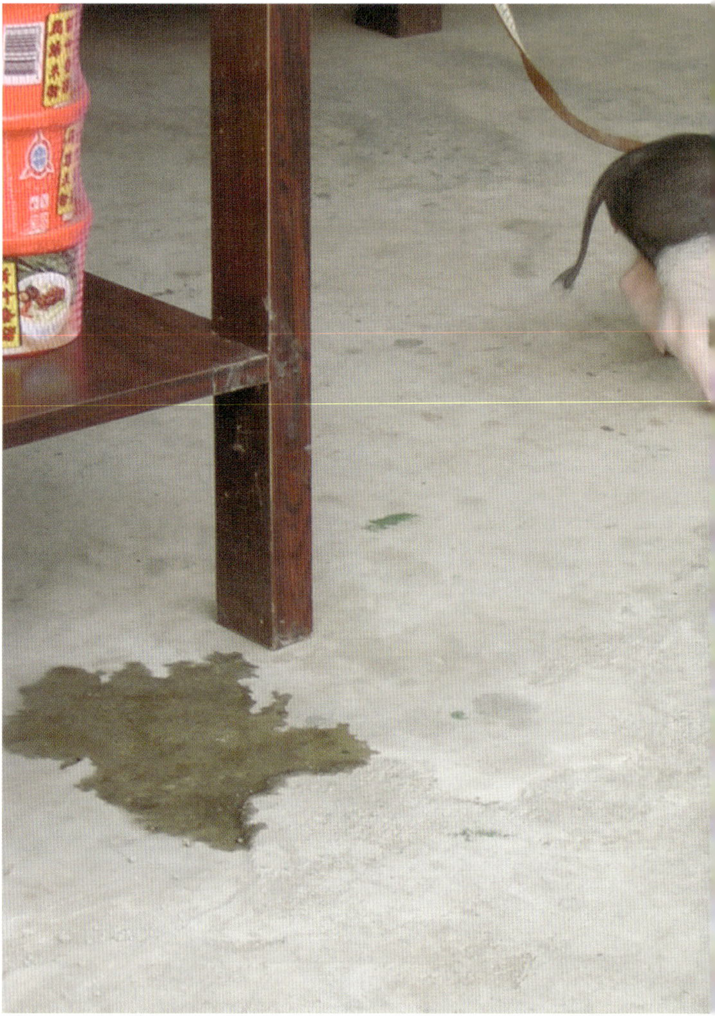

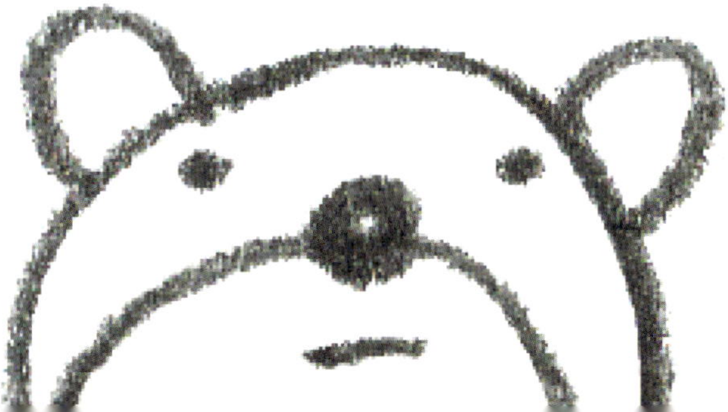

奇怪ね-台湾

トイレに関するお話

⑮

關於廁所的故事

トイレをきれいに使いましょう。
請維持廁所的清潔。

日台トイレの使い方の違い

台日不同的廁所用法
Do you know how to use toilet?

トイレットペーパーはゴミ箱へ
日→✗
台→〇

日→〇
台→✗
トイレットペーパーは便器へ

便座の上にしゃがむ
日→✗
台→✗

便座に座る
日→〇
台→〇

疑問 Question

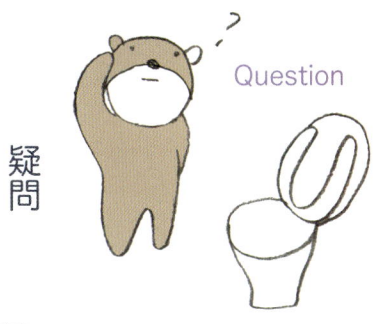

台湾の女子トイレは、便座が上がっている確率が高い。
「どうして？」と聞いたら
「家に男がいる人は、クセになっているんだよ」と言う。
ということは、男女共同のトイレは、使った人が気をつけて
便座を上げておかないと男におシッコを引っ掛けられている可能性が
高いということになる。
便座上げは、女の仕事なのか？ 困ったもんだ。
日本では、男の仕事だよ。

それでも、女子専用トイレでも便座が濡れていることがある。
「どうして？」と聞いたら
「おばさんが、洋式便座の上でしゃがんでいるのを見たことがある」とアメリカ人とカナダ人の友達が言う。

よって、便座が濡れているのは、おシッコを引っ掛けられているということになる。

台灣的女廁，西式馬桶的蓋子通常是掀起的。當我問：「為什麼？」
回答是：「因為家裡有男士的人，總是習慣把馬桶坐墊掀起來」
原來，男女共用的廁所，使用完的人如果不把坐墊掀起來，男性使用時，
坐墊上很可能會沾到尿液。所以，把坐墊掀起來是女士的責任？真令人困擾。
在日本這可是男士的責任。
但是，為什麼女生專用的廁所坐墊也會濕濕的？當我問：「為什麼？」
跟我一樣住在台灣的美國和加拿大的朋友回答：
「曾經看到歐巴桑蹲在馬桶上。」
因此，坐墊之所以會濕，也是因為被尿沾到。

證人 Canadian American

そして、トイレットペーパーの始末についても触れておこう。台湾に来る外国人観光客は、トイレットペーパーを流してはいけないことを知らない人が多い。逆に台湾人も、海外のほとんどの国で流してよいことを知らない人が多いみたい。海外では、使用後のトイレットペーパーを捨てるゴミ箱がないから、流すべきなのだ。トイレットペーパーは、流して始末せねば、個室内は大荒れになる。

　数年前、私は大量の台湾人が宿泊していた東京都内のホテルに偶然居合わせた。軽く700〜800人の台湾人がいたと思う。この日、東京の老舗ホテルのトイレは、一瞬にして行き場のないトイレットペーパーで大荒れとなった。

　逆に、日本人が台湾でトイレをつまらせるという現象も発生している。私だって使用後のトイレットペーパーをゴミ箱に捨てるのは、今でも抵抗があり、なかなか慣れない。だから、無知な日本観光客からすると、トイレに流せないなんて夢にも思わないんだと思う。日台両者とも意外にこのことを知らないのだ。誰かが、はっきり言わねばならぬ！ おトイレ事情の相互理解と快適なおトイレ環境を普及すべく、今、立ち上がろう！

　關於廁紙一事，我也提一提。來台灣的國外觀光客，幾乎都不知道廁所裡的衛生紙是不能丟入馬桶裡沖掉的。相反的，台灣人到國外時，很多人也不知道廁所裡的衛生紙其實是要丟入馬桶沖掉的。在國外，通常沒有垃圾桶，使用過的衛生紙，只能丟入馬桶沖掉。如果使用過後的衛生紙不丟入馬桶沖掉的話，廁所就會變得又髒又亂。

　幾年前，我偶然去到東京一家飯店。那時至少有七～八百位台灣人住宿吧！一瞬間，這家東京老飯店的廁所，因為無處可丟的衛生紙而慘不忍睹。相反的，日本人來到台灣後，也曾讓台灣廁所諸塞。即使是現在，我依然對把用過的衛生紙丟入垃圾桶有所抗拒，還是不習慣。因此，我想日本觀光客作夢也不會想到廁所裡的衛生紙不能丟入馬桶裡。很意外的，日台雙方都沒有察覺到這個習慣的差異。一定要有人說清楚才行！為了讓雙方能互相理解並有一個舒適的如廁環境，我決定站出來講清楚說明白。

↓トイレットペーパー
↓衛生紙

台湾のみなさん。
トイレをきれいに使いましょう。
使用後のトイレットペーパーが溢れないようにマメに掃除してちょうだい。
トイレは正しく使い、大変危険ですから無理によじ上ったりせず、シブキを飛ばしたりしないでちょうだい。
そうしてくれるなら、私が責任をもって日本人に教育します。

日本のみなさん。
台湾では、トイレにトイレットペーパーは流すなよ！

給所有的台灣人：
請維持廁所的清潔。
為了不要滿地堆滿使用過的衛生紙，請認真、頻繁地打掃。
正確的使用馬桶，不要蹲在馬桶上大小解，因為實在很危險；也不要讓排泄物四處飛散。
如果能做到以上幾點的話，我也會負起責任教育日本人。
給所有日本人：
不要再把廁所裡的衛生紙丟入馬桶了！

昔の新聞は活版印刷でした。
日本統治のときの日本語の活版文字が今も台湾にのこっています。

奇怪ね―台湾 ⑯

台湾のテレビニュース

台灣的新聞

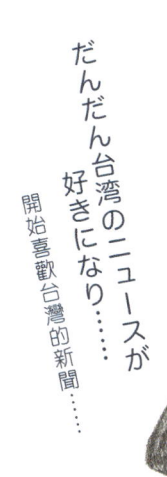

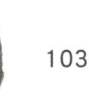

だんだん台湾のニュースが好きになり……

開始喜歡台灣的新聞……

台湾のテレビニュース

台灣的新聞

テレビの画面が日本より派手だ。
日本の字幕はだいたい一ヶ所に流れるけど、台湾のは上下左右にガンガン流れ、いろんな色を使っている。
地震や台風のときは、情報が錯綜して画面はどんどん派手になっていく。

台灣的電視畫面比日本華麗。
日本新聞的字幕大概只有一個地方，
台灣的新聞畫面則是跑馬字幕上下左右不斷播放，並且使用各種不同的顏色。
地震和颱風時，情報更是錯綜，畫面也越是醒目。

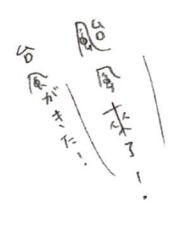

紅紅的颱風來了。

颱風來了！
台風がきた！

颱風來了！

ある年、台湾にすごく大きな台風が近づいていた。
勢力も強く、台湾の面積より大きな台風だった。

あるニュース番組の画面には、興奮気味のアナウンサーの横に台風の予想進路が映し出されていた。大きな台風が、グルグルと台湾に近づいては海上に戻る、近づいては戻る、の繰り返し図。なぜかその台風は真っ赤に塗られていて、ゴウゴウ燃える火の玉が台湾を飲み込む姿にしか見えなかった。幾度となく繰り返し火あぶりされる台湾。
BGMにはアナウンサーの切迫した声。恐怖感を倍増させる。
私は、普段テレビをあまり見ないので、もしかしたら台湾では、この手の演出はよくあることなのかもしれない。でも、あまりに驚いたので、日本の友人数十人に「台湾の台風は、赤くて火の玉みたい！」とメールで言いふらした。だって日本の台風は、たとえ視聴率争いがあったとしても各局軒並「白」で過剰に恐怖感を煽ることはない。
赤い台風は、いまだに私の脳裏に焼き付いている。

有一年，有一個很大的颱風直撲台灣，是威力很強，比台灣面積還要大的強颱。
當時有一個新聞節目的畫面是，有點興奮的播報員一旁出現颱風的圖。強大的颱風一邊旋轉一邊接近台灣又回到原來的海面上，快接近時又轉回海面上，就這麼反覆旋轉著。但是，不知道為什麼這個颱風被塗上了紅色，就像一團燃燒的火球，快要把台灣吞沒了。而且不斷地反覆播送，眼看台灣就快被火燒到了。後面傳出播報員迫切的聲音，恐怖感倍增。我平常不太看電視的，這類的演出在台灣或許是常有的事，但是，實在太令我驚訝了，我寫信告訴數十位日本友人，「台灣的颱風紅的跟火球一樣！」
在日本，即使有收視率的競爭，但每一台的颱風幾乎都是「白的」，不會去煽動民眾產生過度的恐懼。那火紅的颱風也因而一直殘留在我的腦海裡。

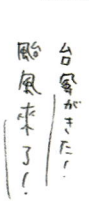

その数日後、今度は台湾に地震が起こった。
緊急事態発生のため、またしてもあまり見ないテレビを見た。
このとき画面上アナウンサーの横に映し出されたのは、
台湾全土の地図。その島の絵が丸ごとガタガタ揺れている。
繰り返し島が揺れる。
この表現で地震を表す想像力はあまりに稚拙で、
地震がまぬけに表現され、台湾がやけに軽い島に見えた。

幾天後，這次是發生大地震。
因為是緊急事故，我於是刻意打開平常不大看的電視。
這次畫面上播報員的一旁出現的是台灣全島的地圖。
這張台灣島圖整個嘎嗒嘎嗒地搖晃著，不斷重複，整個島都在搖晃。
這種表現地震方法的想像力，實在太幼稚了。
恐怖的地震竟然用如此輕率的方式表現，顯得台灣是個「很輕的島」。

そして私は、だんだん台湾のニュースが好きになり、暇を見つけてはテレビをつけるようになっていった。

それからしばらくして何のニュースだったか内容は忘れたが、
また日本にメールを打ちたくなるような映像を目にした。
インタビューに答える商店のおじさんの肩にでかいオウムが乗っている。
オウムをとってくださいと、誰も注意しなかったのだろうか？
オウムは絵的に邪魔だし、変だった。
おじさんの顔を突いたり、ハゲがかった頭から少ない髪の毛
をついばんだりして、落ち着きもなかった。
だけどインタビューは、まるでオウムなんか存在しないかのように進行し
ていった。今では、もしかしたらあのオウムは私にしか見えなかったの
か、と思い始めるほど変なニュースだった。

然而漸漸地，我開始喜歡台灣的新聞，沒事時會開著電視。
過了一陣子，又出現讓我想寫email跟日本人說的奇特畫面，
雖然我已忘了新聞播報的內容。
接受採訪的商店老闆，肩上有一隻很大的鸚鵡。
為什麼沒有人在意？誰來把鸚鵡弄走。那隻鸚鵡在畫面上很礙眼又怪。
鸚鵡一點也不安分，一下啄老闆的臉，一下拉他頭上所剩無幾的頭髮。
但是，訪問卻像鸚鵡不存在般的進行。
我開始想，不會那隻鸚鵡只有我一個人看得見吧！真是奇怪的新聞。

当時の私の中国語のレベルでは、テレビ番組の中で一番聞き取りが難しいのがニュース。
でも、一番面白いのもニュースであります。
以我的中文程度，最難聽懂的雖然是新聞節目，但最有趣的也是新聞。

107

大根足

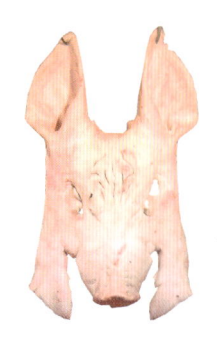

マンボーのめんもだけ

ブタの顔面

奇怪ねー台湾 ⑰

ビビるものがヘン

害怕的東西很奇怪

豆腐の「くさや」臭豆腐
コワクナイ

台湾っぽさが消えてしまうのが一番怖い

台灣變不像台灣，這是我最害怕的事。

台湾のマクドナルドのポテトはふにゃふにゃ。これは、台湾の人たちが焦げたものを恐ろしく嫌っているから。焦げた食品は癌になる。もうちょっと揚げたほうが、カリッとしておいしいのに、焦げてしまったら癌の元。売れなくなるのでジックリは揚げない。日本だったら「焦がし醤油のなんとか焼き」とか言ってほどよい焦げ目をごちそうとしているところがあるけど、台湾では、注文した料理が焦げているとまるでゴキブリかお化けでも見たようにオーバーに「アァッ！」と声を上げて恐れる（恐れる人もいる）。

　だけど、バイクの出す排気ガスはセーフ。バイクのライダーも一応はマスクをしてるけど、カラフルな布製が好き。数枚重ねた布をカッチリ縫ってあるので、顔の凹凸にピッタリしない。鼻の脇に大きな隙間ができて悪い空気はヒュルヒュル入っている。マスクをすればすっかり命が助かっていると思っているのか、バイクの数はいっこうに減らず、廃棄ガスも匂いからして濃厚な感じがする。たまに食べちゃう焦げと、常に吸っている汚れた空気。見えるもののほうが恐いみたい。

　台湾の家庭では、電子レンジより電鍋が大活躍。これは、台湾の人たちは電子レンジから電磁波が漏れていると嫌っているから。電鍋とは旧式の炊飯器で、外釜に水を入れて内釜に物を入れて焦がさずに加熱する調理器。物を温めるのにレンジのほうが早くても、強い電磁波に当たっては癌の元。「レンジを使うから離れて！」と、避難を促すほど危険物扱いをしている。だけど、頭にピッタリくっつけて話す携帯電話はセーフ。ひとりで二台持っているのは当たり前。これは新機種を安く手に入れるには、二年契約で新規加入するのがいいので、新しい物好きの現れでもあるみたい。台湾の人は携帯電話が本当に大好きで、些細なことでも必要以上に電話をかけまくり長電話をする。一日に一回使うか使わないかの電子レンジと、日に何度も何分も頭にくっつけて使う携帯電話。携帯は人間の頭を電子レンジに突っ込んでチンしているくらい電磁波を浴びている感じがするけど、大きい物のほうが怖いみたい。

　バイクも携帯もビビって使わなくなって、レンジがもっと普及して電鍋が消えていったら台湾の景色はきっと変わる。そうなって、台湾っぽさが消えてしまうのが私は一番怖いので、焦げを見ては顔をしかめ、レンジ使用中に危ない！と言う台湾の人と一緒に、恐くなくても一緒に恐がるようにしている。

台灣麥當勞的薯條軟趴趴的。這是因為台灣人超害怕焦黑的食物。燒焦的食物會致癌。明明只要再炸焦一點會更香脆好吃，但焦了會引發癌症，焦了就賣不出去，所以不再炸。在日本有很多地方甚至會特地強調「烤焦醬油味」，把剛好的焦味當成賣點；在台灣如果端上來的料理燒焦了，會被當成蟑螂一樣恐怖，甚至有人會發出恐懼的叫聲，「嗚哇！」

但是，對機車排放的廢氣台灣人卻毫不在意。

機車騎士雖然會戴口罩，但喜歡戴五顏六色的布口罩。好幾張布縫在一起，所以質感很硬，無法和顏的凸凹線條貼合。鼻子兩旁隙縫很大，廢氣就這樣通暢無礙。或許是大家深信只要有戴口罩就能保命，但機車的數量依然不減，廢氣不但臭，感覺還很濃。偶爾才吃的燒焦食物，和每天吸進的污染空氣。台灣人對看得見的東西似乎比較害怕。

台灣的家庭，電鍋比微波爐更活躍。因為台灣人很討厭微波爐發出的電磁波。電鍋是舊式的飯鍋，外鍋加水，內鍋放食物烹煮，是一種食物不容易燒焦的調理器。加熱食物時即使用微波爐比較快，但害怕很強的電磁波會致癌，所以大家多用電鍋。台灣人在使用微波爐時，甚至會說：「我要用微波爐了，離遠一點！」好像微波爐是危險物品，催促旁邊的人快避開。但是，對幾乎是貼著頭的行動電話卻毫不在意。很多人甚至有二台電話。想便宜的買進新機種，最好加入二年綁約。台灣人喜歡新的事物。而且台灣人真的很喜歡講行動電話，即使是芝麻蒜皮的小事，沒有必要也要打電話，甚至常常講很久。一天甚至用不到一次的微波爐，和一天使用好幾次貼著頭的行動電話。行動電話的電磁波感覺就像把人的頭放入微波裡加熱一樣，台灣人對體積大的東西似乎比較害怕。

如果台灣人害怕機車和行動電話而不再使用，或是微波爐增加，電鍋消失，台灣的景色就會完全不同吧。如此一來，台灣就不是台灣了，這是我最害怕的事。看到燒焦的食物會皺眉，用微波爐時會說「很危險！」和台灣人在一起時，即使不害怕也要裝成害怕的樣子。

＊電鍋は、料理のレシピでも普通に「電鍋で煮る」とか「電鍋で炊く」と書かれているほどポピュラーなもの。
＊電鍋很普及，一般食譜上常看到「用電鍋煮」或「用電鍋悶」的字樣。

＊焦がしフレーバーの昔ながらの豆乳や酸梅汁。見えなきゃいいのか、焦げた香りのドリンクもあり。
＊焦味的古早豆漿及酸梅汁。看不見就不害怕，所以有燒焦香味的飲料。

＊ラッシュ時にはド太い道路が全面バイクで埋まるバイクの河状態が二時間ほど続く。
＊尖峰時間的大馬路上，所有車道被機車淹沒的機車河道會持續至少二小時。

column3 台湾で出した本が日本でも出せたキッカケaキッカケ

そして出版された本が『奇怪ねー・一個日本女生眼中的台湾』。この『奇怪ねー台湾』の台湾版です。日本で台湾を紹介しようと準備はしていたものの、台湾での出版は予定外。本をあまり読まないのにデザインもイラストも写真も全部も自分でやったので、不思議な構成。"恩返し企画"で物を書くことを始めたばかりなので、とても稚拙な文章。へたな中国語で出版社と印刷所とのやり取りをし、わからないことだらけ。……と、とても大変でした。さらに「日本に台湾を紹介」じゃなくて、「台湾に台湾を紹介」になってしまったし、「台湾にお礼したくて出版」が、「台湾にお世話になって出版」になってしまったけど、もうほかのチャンスはないと思って人生で一番頑張りました。

できあがりの本を手にとったとき、涙がこぼれそうなのをこらえ、出版社の外に出て嗚咽しました。でも、それは感動の嗚咽ではなく、本の小口がボソボソしていたから。紙を切る製本屋の刃の切れ味が悪く、紙

齊。裁紙的印刷廠的刀不太鋭利，讓紙起了毛邊。而且，用珊瑚粉紅底印刷的蝴蝶頁，仔細看還有小氣泡，讓我沮喪的關在家好一陣子。

但是，感人的是書竟然賣得很好。因為寫了很多台灣人放屁和鼻毛的事，感覺意外又驚訝。我想，只要在當時全心投入去做做出來的東西就會有魂。因為想大聲跟台灣説：「謝謝」而開始找出版社，雖然過程中方向不對繞了一圈，但總算出版了第一本書。這本書被排在書店裡或書架上時，似乎散發出奇特的氣場。

我看到的台灣的魅力，不是夜市，故宮博物院也不是夜市，而是台灣的人，這些關於鼻毛和放屁的事，似乎傳達出我想説的。

が毛羽立っていたのです。それに、コーラルピンクベタで印刷した一枚目の紙にも、よく見ると空気の泡ツブが——。私は、しばらく寝込んでしまいました。

　だけど、ありがたいことに本はなんだか売れていきました。台湾人のおならや鼻毛の話が満載なので、意外でした。なんでもそのときにできることを一生懸命やれば、物には魂が宿ると思いました。大きい声で台湾に「ありがとう」を言いたくて始めた出版社探し。ちょっと方向がねじれてしまったけど、初めての本。本屋さんに並んでも本屋の棚でも、妙にオーラを出してくれたようです。

　私の見る台湾の魅力は、故宮博物館や夜市ではなく、"台湾の人"と言いたかったのが、鼻毛とおならでも伝わったのでした。

つづく→p.144

＊在台灣出的書在日本也能出版的契機之契機＊

我在台灣出版的書是《奇怪ね一個日本女生眼中的台灣》。這本書是《奇怪ね一台灣》的台灣版。原本是打算在日本出版介紹台灣的書，結果意外的在台灣出版。不太看書的我，負責這本書的設計、插圖、照片，全部由自己一手包辦。很不可思議的設計和編排。因為是基於「報恩企畫」而出發，文章很笨拙幼稚。用我很破的中文和出版社及印刷廠溝通，一堆專業全都不懂。真的是非常辛苦。再者，因為不是「向日本介紹台灣」，變成「向台灣介紹台灣」；原本是「感謝台灣的出版」變成「又受到台灣照顧的出版」，我想這應該是人生中唯一的好機會，於是拼了命去完成

當我拿到書時，我忍住了眼眶裡打轉的淚水，到出版社外面嗚咽。但是，不是因為太感動而哭泣，而是因為書的裁切面凹凸不

血 尿 血 尿

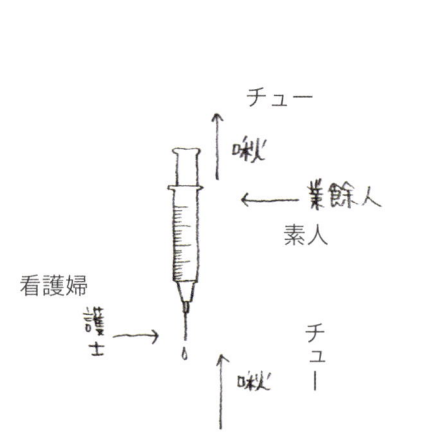

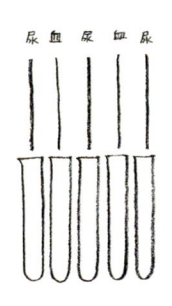

チュー
↑ 啾
← 業餘人
　 素人
看護婦
護士 →
↑ 啾
チュー

尿 血 尿 血 尿

奇怪ね―台湾 ⑱

啾 ← 業餘人
素人

護士 → チュー
看護婦 ↑ 啾

台湾の病院

醫院

「安心して、
ここはいい病院です」
「放心吧，這是家好醫院。」

↑ チュー
↑ 啾
← 業餘人
素人
護士 →
看護婦
↑ 啾
↑ チュー

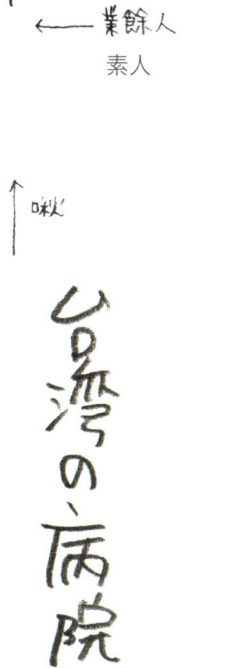

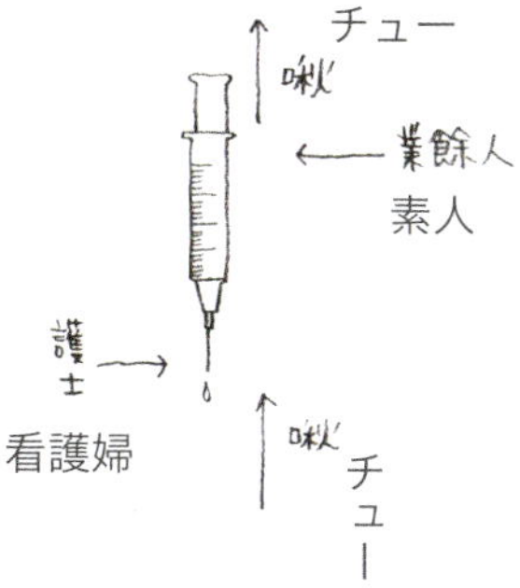

台湾人は、病院とか薬とか大好きだ。私は、両方とも嫌いだ。でも不覚にも、台湾の病院にお世話になったことがある。台湾人に有名病院へ連れてってもらった。その病院は、待合室のど真ん中にカウンターがある。そこに試験管にとった尿検査用の尿を置くようになっていた。つまり、待合室の誰もが他人の尿を見ることになる恥ずかしいシステムだ。

　日本だったら、トイレの近くの廊下みたいなところに小窓のカウンターがあって、こそこそと尿を置いて、そそくさと逃げればいい。でも、この病院は待合室のど真ん中に尿置き場があるので、たくさん人がいるところを尿を持った患者がウロウロする。ぶつかったら、どうするのー。このシステムはどれが誰の尿かは一目瞭然だし、人の尿より色が濃かったら恥ずかしい。

　さらに、そのカウンターは採血場も兼ねている。採血もガヤガヤとした待合室でやるの？　とビビっている場合じゃない。採血してる隣に、みんなが尿を置いていく。つまり、尿と血が一緒に並ぶ。台湾人はそんなこと誰も気にしていないんだろうけど、私は非常に気になり、頭の中をぐるぐる回った。尿と血、尿と血、尿と血……。日本では、採血も診療室の脇の個室で、だいたい決まっている。

　さらに、もっとすごいことがあった。私が採血の順番を待っていると、私の付き添いに向かって看護婦が言った。「ちょっと、手伝って」。そして、看護婦は付き添いである一般人に刺した注射器を預けた。私の知人も平然と注射器を受け取る。血管が見つかりにくく、看護婦は両手を使いたかったらしい。公開採血、公開尿置き場だけでも感心してるのに、アシスタントに一般人を起用する奔放ぶり。素人でありながら私の知人も平然と注射器を使っていた。

　チュウーッ。知り合いは、血を吸い出しながら私に言った。「安心して、ここはいい病院です」

台灣人很喜歡醫院和藥。我兩者都討厭。但因我的大意，在台灣受到醫院的照顧。台灣人帶我到公認有名的醫院去。這家醫院的櫃台位於等候廳的正中央，還擺放著許多的試管，裡面是每個病人要檢查用的尿液。換句話說，在等候室的每個人都能看見其他人的尿，讓人覺得很難堪。在日本，通常在廁所旁的走廊附近，會有一個小櫃台，只要把要檢驗的尿液悄悄放在那裡，然後匆忙地溜走就可以了。但是，這家醫院卻把尿液放置在等候室的正中央，在這麼多人的地方，拿著尿的人晃來晃去。如果不小心撞倒的話，怎麼辦呢？這種方式，一看就知道哪個試管裡是誰的尿，如果顏色比別人濃濁，更是讓人感到羞恥呢！還有，這個櫃台也進行抽血。此時，已經不是驚訝抽血怎麼也在這種吵雜的等候室進行的時候。抽血站的一旁，大家一一把尿放在旁邊，也就是說，尿和血排列在一起。媽啊，或許台灣人完全不在意這種事，但是，我卻非常的在意。尿和血、尿和血、尿和血……這些字在我腦裡轉啊轉。在日本，抽血一定是在診察室旁邊的小房間裡進行。但是，還有更誇張的事。正在我等著抽血的時候，護士竟然對著跟我一起來醫院的朋友說：「可以幫忙一下嗎？」然後，護士就把針筒就這麼交給陪病人來的一般人。我朋友也很順手地接下針筒。好像是病人的血管找不到，護士想用雙手來找。公開抽血、把尿放在公開的場所，已經夠令我目瞪口呆了，竟然還大膽地請一般人充當助手。我的朋友明明是外行人，卻異常平靜地幫忙抽著血。揪——然後朋友一邊抽著別人的血，一邊跟我說：「放心吧，這是家好醫院。」

ホスピタル ✚ 醫院
The Hospital in Taiwan

台湾人は薬と医者が死ぬほど好き わずか546歩圏内の医療天国

START

1歩 自宅を出て、すぐに歯医者の看板を発見。
1步 出家門，立刻發現牙醫的招牌。

109歩 アイスも売ってる漢方薬局。
109步 連冰淇淋也賣的中藥行。

131歩 耳鼻咽喉科。台湾人はバイク好きだから患者も多そうだ。
131步 耳鼻喉科。許多台灣人都騎車所以患者似乎很多。

141歩 近視のレーザー治療は日本よりお手軽みたい。
141步 比起日本，治療近視的雷射手術似乎很常見。

165歩 また目医者。そういや台湾は、眼鏡の人が多いかも。
165步 又是眼科，這麼說來台灣戴眼鏡的人算是多的。

201歩 また耳鼻咽喉科。私は、人生で3回くらいしか行ったことがないのに。
201步 又是耳鼻咽喉科。我人生中至今為止只去過三次。

?歩 まただ！と驚いてたら何歩目か数え忘れちゃった。
?步 又來了！太過驚訝以至於忘了數到幾步。

306歩 薬局の上が酒場。飲み過ぎても安心です。
306步 藥局的上面是酒吧。即使喝太多也不用擔心。

343歩 遠く道路の向こう側にも薬局を発見！
343步 在路的對面的另一端又發現藥局！

411歩 ここは、伝統的な漢方の薬局じゃないけど、また薬局。
411步 這裡不是傳統的中藥行，但也是藥局。

463歩 やっと出てきた内科は、ハートのマーク♡
463步 終於出現的內科卻掛著心型的符號♡

上と同じ病院。入り口の緑十字がかわいい。
和上面是同一所醫院。入口處的綠十字很可愛。

491歩 4軒目の薬局。それぞれ薬の調合が違うのかな？
491步 第四間中藥行。每家的藥調配比例不同嗎？

546歩 歯医者ばっかり。台湾人は虫歯が多いのかな。
546步 到處都是牙醫。台灣蛀牙的人很多嗎？

ココまでで12軒。数えていたらきりがない。もうウチに帰ろう。
到此為止共有12家。數也數不完。打道回府也。

END

先住民のDNAは台湾人みんなに入ってるらしい

奇怪ね—台湾

台湾人成分分析

台灣人成分分析

19

よく言えばおおらか。
說好聽一點是，很隨和

台湾人成分分析

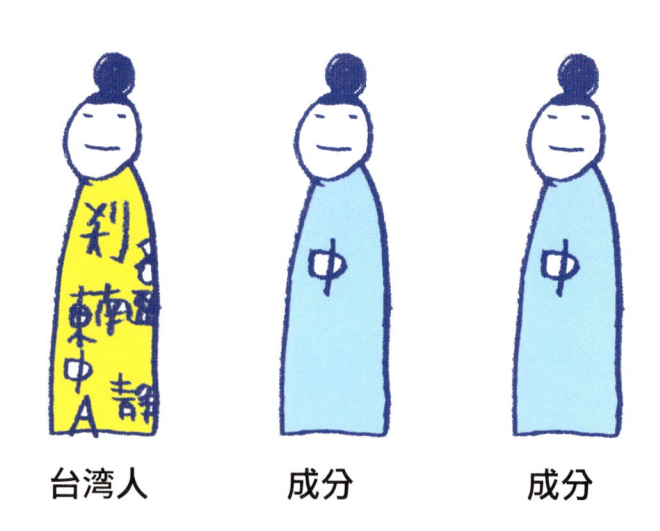

台湾人　　成分　　成分

中国人（ベース）45％＋名古屋市民15％＋
東南アジア人13％＋静岡県民13％＋刹那的
7％＋アメリカ国民7％

中國人（基本）４５％＋名古屋市民１５％＋東南亞人１３％＋
靜岡縣民１３％＋只看眼前７％＋美國國民７％

注：神奈川県出身だけど、静岡県も名古屋市も大変よく知ってる場所。アメリカと東南アジアに関しては、あくまでイメージで、すべて私の独断と偏見です。あしからず。

註：我雖然出身神奈川縣，對靜岡縣和名古屋也很熟悉，至於美國和東南亞則是一般印象。全是我個人的獨斷和偏見。請見諒。

「名古屋市民」とは
独自の文化（サブカルチャー）が発達している。派手好き。商人気質で袖の下とかコネとかけっこう使えそう。話し方が馴れ馴れしい。歩くの嫌い。路駐が得意。

「東南アジア人」とは
原チャリ好き。夜市好き。ファンシーグッズ好き。
人工甘味料、着色料、保存料、防腐剤等を比較的気にしない。
忘れっぽい。鼻毛っぽい。素直。笑顔が素敵。時間に適当。

「静岡県民」とは
よく言えばおおらか。悪く言えばがさつ。
よく食べる、笑う、よく眠る。オナラがよく出る。
自分に甘い。他人にたくさん食べさせる。でも、意外とバカじゃない。

「刹那的」とは
今今今、今が重要、今を生きる。
あまり後のことを考えないで買い物をする。
安物買いの銭失いが多い。

「アメリカ国民」とは
子どもが習いごとや学校に行くときの送迎にやけに熱心。
ぶつかると「ソーリー」といい発音で謝る。
スーパーで小額でもカードを使う。クーラー効き過ぎ。合理主義。

所謂的「名古屋市民」——獨自的文化（怪怪次文化）十分發達。愛現，商人特質，尤其重關係和私下的交情。喜歡和別人裝熟，討厭走路，路邊停車技術高明。
所謂的「東南亞人」——喜歡騎摩托車，喜歡逛夜市，喜歡fancy goods。對人工香料、著色劑、保存劑、防腐劑等比較不在意。有點健忘，鼻毛很長，坦誠，笑臉迎人。沒有時間概念。
所謂的「靜岡縣民」——說好聽一點是，很隨和，說難聽一點是，粗線條。會吃，會笑，會睡又會放屁。對自己很好。很喜歡夾菜給別人吃，但是，卻比想像中的精明。
所謂的「只重眼前」——現在現在現在，重要的是現在，要活在當下。買東西時不太考慮之後的事，常因便宜而荷包失血。
所謂的「美國國民」——很熱心的接送小孩去才藝班和學校，撞到別人時會用正確的發音說「sorry」。在超市即使消費金額小也刷卡，冷氣開太強，現實主義。

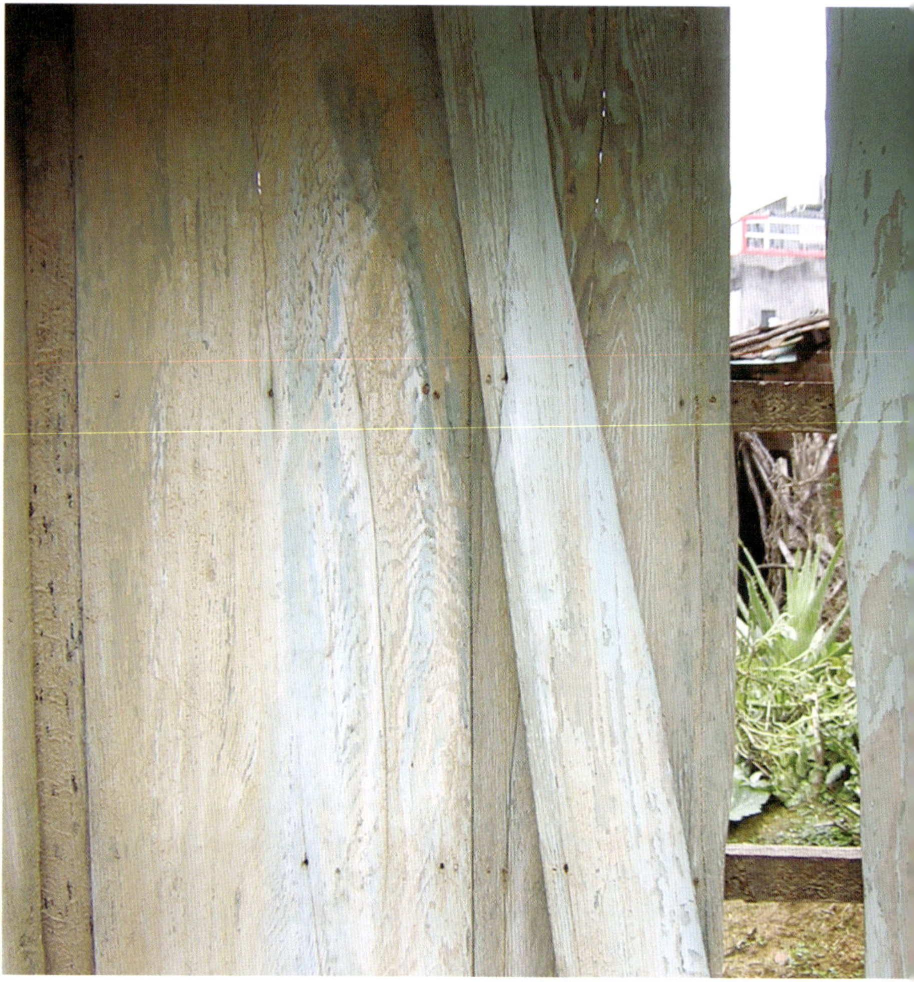

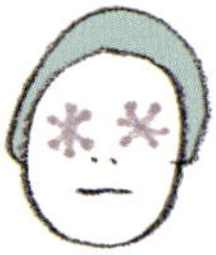

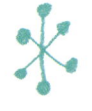

奇怪ねー台湾 ⑳

台湾人と約束

和台灣人的約定

台湾生活は一瞬先が闇……？
在台灣生活的前景是……？

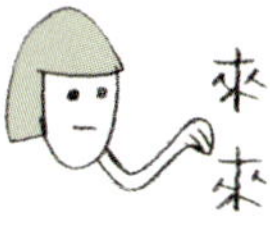

台湾生活は一瞬先が闇だ。
私の予定は、すべて台湾人に崩される。
台湾人のお誘いは、いつもだいたい「急」なのだ。
こう見えても、勤労学生の私はけっこう忙しい。
何もしてないように見えても、部屋でゴロゴロしていても、
それはやるべきことを開始する前の「やる気待機中」。
とても重要な時間なのだ。
急なお誘いに応じると、後が困るので返事に困る。

在台灣生活的前景是黑暗的。
因為我的行程全被台灣人弄亂了。
台灣人的邀約，大部分都很「突然」。
別看我這個樣子，勤勞學生的我可是很忙的。
看起來好像無所事事，或是在房間裡滾來滾去，
這些都是正事開始前的「待機狀態」。
是很重要的時間。
如果答應了突然的邀約，之後的預定會被弄亂，
所以如果有人突然約我，會很猶豫該怎麼回覆。

なぜ、いつもこう急なんだ？
それは「台湾人は、忘れっぽい」★注1から。

以前、台湾で絵画展を開いたときのこと。
開催前、たくさんの知り合いが展覧会を見に来てくれると約束したのに、
台湾人が誰も来ない。
来るのは、日本人や外国人の友達ばかり。
一人として、やってくる気配がないので、勇気を出してもう一度みんなに
連絡をとると、その日のうちにドッとやってきた。
台湾人たちには悪気はないが、記憶力がなかった。
このとき、台湾人は3日先の約束はできないのだとはっきり体感した。

為什麼總是這麼突然呢？
這是因為「台灣人很健忘」★註1

以前，我在台灣舉辦畫展的時候。
開展前，很多朋友答應會來看展覽，但台灣人卻完全沒有出現。
來的都是日本人和其他外國朋友。
過了幾天，畫展已經快要結束，再等下去似乎不會有人來，
於是鼓起勇氣，再一次和大家連絡，結果，後來湧入了一大堆台灣人。
台灣人沒有惡意，只是沒有記憶力。
這是我第一次親身體驗，為什麼台灣人無法做三天後的約定。

そして、「日本人は、突然と強引に弱い」★注2

日本社会でアポは必須。予測がつかないことや、準備不足が嫌いで、ビックリするのも嫌なのだ。台湾人からは信じられないだろうけど、私たちは一ヶ月先の約束も覚えていたりする。だけど台湾人は、そんな律儀な日本人に先の約束を断らせ、自分の誘いに応じろと迫る。「何を言ってんの？」と強引さにムカつくこともあるが、日本の楽だけど素っ気ない人間関係に比べ、必要とされるとまんざらでもない気になる。

そうして誘いに乗ってしまうのだが、台湾サイドも事情はみな一緒。急に呼び出された被害者は、仕事帰りのキチッとした格好の人や、寝間着のような格好の人（私もそう）など、ちぐはぐなグループ★注3で集っており、誰も人の身なりなんか気にしていない。だからとても楽チンだ。

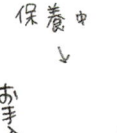

保養中 ↓
お手入れ中

我們一起吃飯喔～ （台灣人）

ごはんをいっしょにたべるのよ～。

再者，「日本人很不擅長突然和強迫的邀約。」★註2

在日本社會，一定要事先約定。因為如果發生無法預料的事，或準備不足，讓人訝異的事都很討厭。台灣人或許會不相信，我們可能連一個月之後的約定都記得。但是台灣人卻要這麼有規律的日本人，推掉已經答應的約會，接受自己的邀約。到底在說什麼啊？這種強迫人的要求真是令人生氣。但話說回來，日本的人際關係雖然沒有壓力但很冷淡，所以如果有人「強迫式」的熱情邀約我，感覺也不壞。

一旦答應了臨時的邀約，才發現台灣人的情況也跟我一樣。
突然被叫出去的「被害者」，有些人還穿著上班的正式服裝，有些人則穿著居家服（我也是），相差十萬八千里的團體★註3就這麼湊在一起。沒有人在意對方穿什麼衣服，輕鬆又隨性。

こんな、「一瞬先は闇の台湾生活」のおかげで私は、やるべきことをできるかぎり先にやり、ぐうたらをだいぶ治すことができた。台湾人に感謝。かわりに、ひどい姿で出かけるのがヘッチャラになって、先の約束はすっぽかすようになってしまった。台湾人のせいだ。

雖然是這樣「前景黑暗的台灣生活」，卻多虧了這樣的生活，我把能做的事都盡快先做好，治好了我愛拖拉的壞習慣。謝謝台灣人。但是，我漸漸不在意自己出門時的怪樣子，或是約好的事，卻突然放人鴿子。哇～都是台灣人害的。

注１　完全に忘れるので、もちろんすっぽかした後のフォローも、何もない。
注２　日本人は気が小さいので、この状況に置かれるとキレる人も少なくない。やり過ぎに要注意。
注３　この構成での食事風景を見ると、当事者になるまで、「金持ちが貧乏人にごはんを恵んでいる美しい風景」と思っていた。

（註１）因為是壓根全忘了，當然也沒有放人鴿子的事後補償，就像沒發生過任何事。
（註２）日本人太小心眼了，如果遇到這種情況，發脾氣的人還不少。要注意凡事不要過。
（註３）看到這種聚餐成員和風景，在自己尚未成為當事人之前，還認為這是「有錢人請窮人吃飯的溫馨場面」。

ひっぱると下がる。

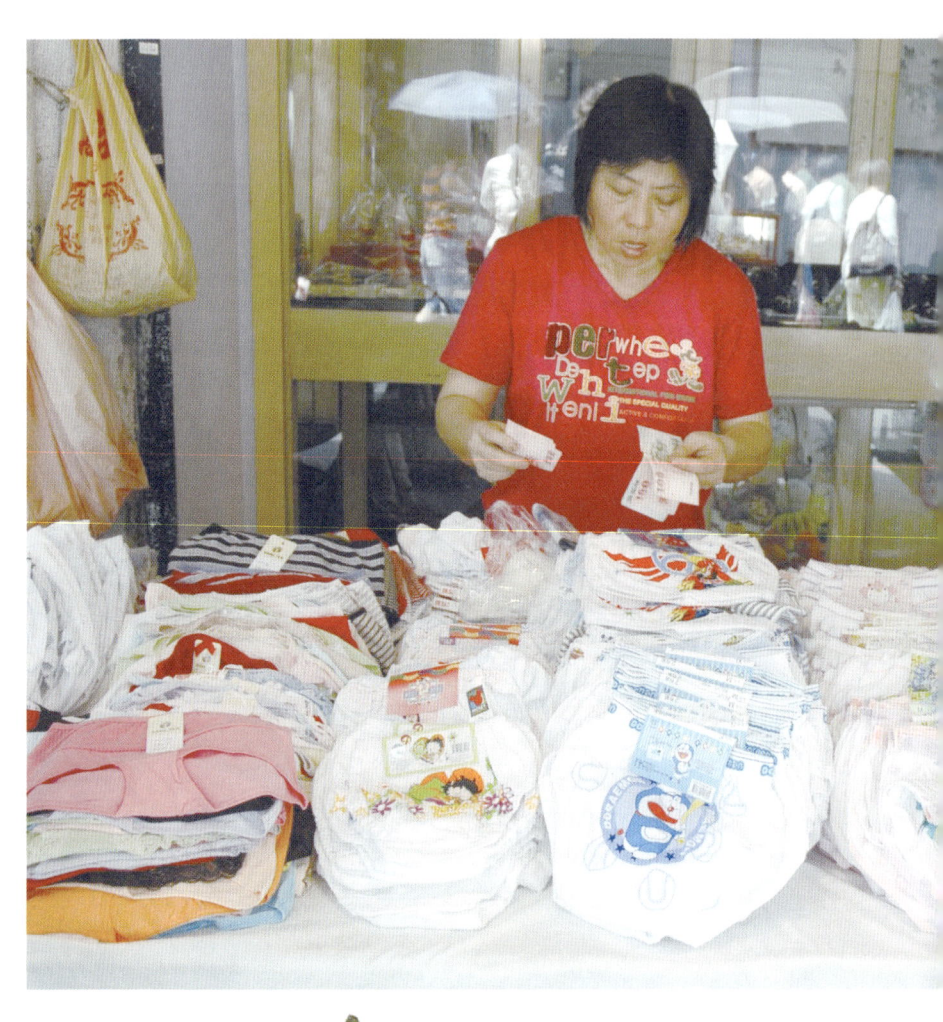

天井から吊してある
台湾伝統のレジ。

奇怪ね－台湾

21

台湾人の金銭感覚

台灣人的金錢觀

手をはなすと上にあがる。

台湾人の価値観はどこにあるのか？
台灣人的價值觀標準究竟在哪裡？

台湾の金持ち基本サンプル（全体図）

- カントリー風　郷土味
- 福耳　大耳朵
- 毛ボクロ　有毛的痣
- 赤ら顔　臉色紅潤
- ビンロウ★で赤い口　因吃檳榔而滿嘴紅
- 短い腕　手很短
- 太い腕　手很粗
- 小指だけ長い爪　只有小指指甲很長
- ベンツの鍵　賓士的鑰匙
- ぞうきんみたいな服　衣服很像抹布
- お札の膨らみ　大把鈔票隆起
- 太い脚　粗粗腿
- 短い脚　短短腿
- 足首ない　沒有腳踝
- 季節を問わずビーサン　四季都穿著涼鞋

★ビンロウ：椰子科の木の実。興奮性がある噛みタバコで、肉体労働者のお伴。石灰と一緒に噛むと血みたいに口の中が赤くなる。

＊檳榔：一種椰子科的果實，有興奮效果的咀嚼式香煙，是勞動工作者的好伙伴。和石灰混在一起咀嚼，看起來像是喝了人血，滿嘴紅。

台湾人の金銭感覚には惑わされる。
悪いのは、台湾の金持ち。短パン、ランニング、ビーサンで、腹ボンボン。
どう見ても、文明的な生活を送っているように見えない。
そして、でかいベンツで登場したりする。
会社の社長だったりする。
家族を海外に移住させてたりして、かなり金持ちだったりする。紛らわしい。
日本の金持ちは、「金持ちです」って顔に書いてあるからわかりやすい。
知り合いになると、聞かずとも懐具合を自己申告してくれる。
外見でわからない分、口頭でフォローするのがこっちのやり方らしい。
給料、不動産、持ち物の値段など。初対面でいろいろ知ることができるが、
ここまで自動的に暴露しても貯蓄額は語らない。ちょっと残念だ。

そんなことは置いておいて、紛らわしいのは、金持ちだけじゃない。
どの階級もみんな太っ腹によく奢ってくれるので、金持ちかと思うと平民で、
よく感動する。我が国ではまずあり得ないだろう。

台湾人の見栄はどこにあるのか？
小ぎれいに身なりを整えるより、ベンツと不動産を転がすことなの？
台湾人の価値観がどこにあるのか？
相手の胃袋を満たすことなの？
んん〜、いまだによくわからない。

台灣人對錢的觀念讓我很困惑。都怪台灣的有錢人。
總是穿著短褲、汗衫、涼鞋，小腹很凸。怎麼看都不像過著「文明」的生活。而且，這樣的人卻開著巨大的賓士車，或是某公司的老闆，家人都移居海外，不是普通的有錢人。令人搞不懂。日本的有錢人，通常在臉上就寫著「我是有錢人」，很容易辨認。不過，一旦變成朋友，即使沒有特別詢問，對方也會自己報出財力。外表看不出來，但是會用口頭說明，似乎是台灣的做法。包括薪水、不動產、身上行頭的價錢等，統統會讓你知道，初次見面就可以知道許多資訊。會暴露自己的財力，但對銀行的存款卻絕口不提。有點遺憾。
困擾我的不只是有錢人。因為時常被請，我以為對方是有錢人沒想到卻只是平民，真令人感動。在日本，這種事是不可能發生的。台灣人的虛榮心表現在哪裡呢？比較身上穿戴的行頭、開台賓士車到處跑比較炫？台灣人的價值觀標準究竟在哪裡？難道是滿足對方的胃嗎？ㄟ〜我到現在還是搞不清楚。

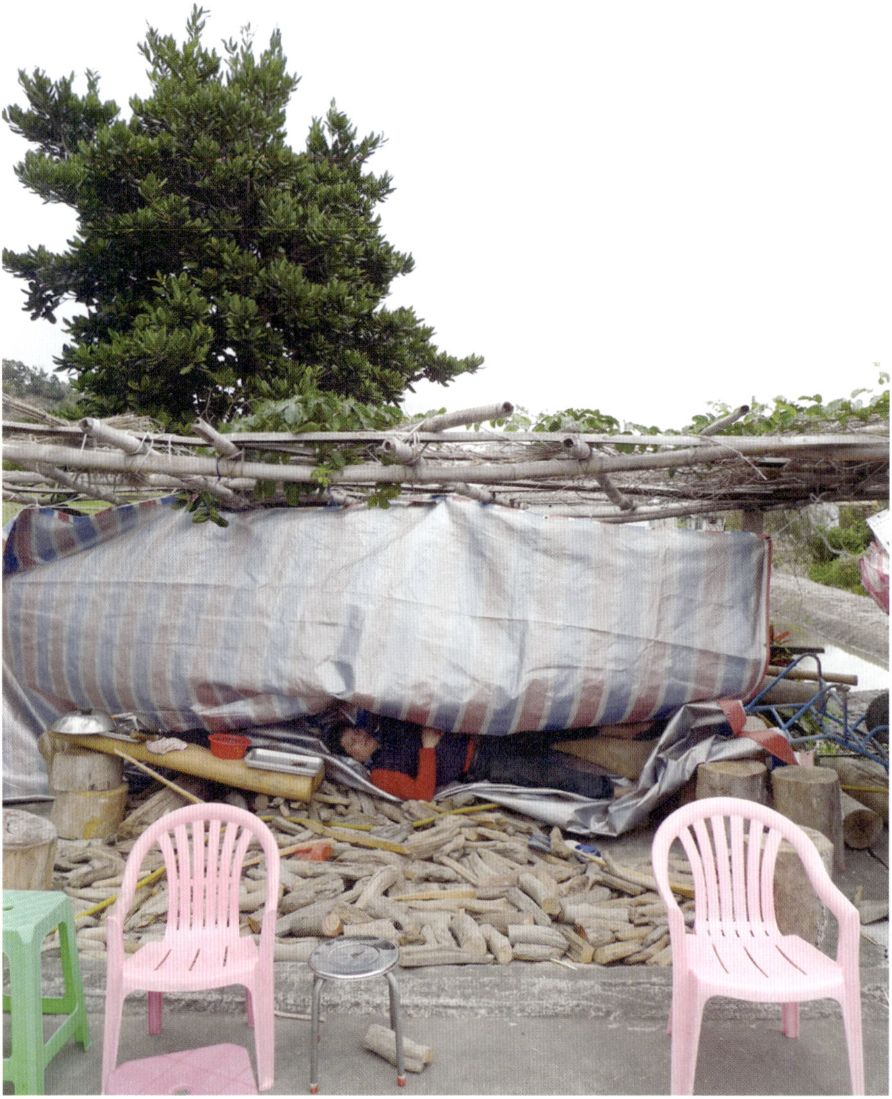

奇怪ね－台湾 ㉒

羨ましい恐いものなしの台湾人

令我羨慕的不怕死的台灣人

> 台湾人には、恐いものは何もない。
> 台灣人，沒有什麼害怕的東西。

台湾のみなさん
ご存知ですか？
「緊張」とは何か。　台灣人你們知道嗎？緊張是什麼？

あたま真っ白
腦中一片空白

汗だらだら
揮汗如雨

心臓どきどき
心臟砰砰跳

手がぶるぶる
手不停顫抖

顔真っ赤っか
滿臉通紅

喉カラカラ
喉嚨乾渴

以上の状態を
緊張と言います。

台湾人はほぼ緊張しない。
引っ込み思案もいないと思う。

初対面でもベラベラ話すし、見知らぬ人にもジャンジャン声をかける。基本的に中華系はおしゃべりというのもあるけど、人前で話すのも全然ビビらない。ステージに上がったり、マイクを使ったり、「カメラの前で一言」とか、とても堂々としている。突然でも、まったく動じない。まるで100回くらい練習していたかのように流暢に話し、自称消極的な人でも人前で話すことに緊張の色を見せない。

たとえ本人が緊張したと言っても、それは嘘だ。
信じられない。かなり羨ましい。どうしてなんだろう。

日本人の心はガラスのハートだ。
謙虚な、怯えやすい小動物だ。
その点、台湾人は失敗なんか恐くない。
株や、土地転がしが大好きだし、
故郷を捨ててどんどん移民するし、
車やバイクの運転も荒く、死を恐れない。
死ぬことすら恐くないようだ。
台湾人には、恐いものは何もない。

きっと、緊張で喉がカラカラになるとか、
心臓がドキドキするとか、頭の中が真っ白になるとか、
手が震えるとか、顔が赤くなるとか知らないまま、
死に向かって（恐くもない）一生を終えるのだろう。

なんて羨ましい！

台灣人幾乎不緊張。我想台灣人應該沒有害羞怯場的人。因為，即使是初次見面的人，也能侃侃而談；對不認識的人，也能像平常一樣說話。基本上，華人的口才都很好，在人前發言也完全不會緊張。突然站到台上，或突然使用麥克風，或在攝影機前說什麼，都很落落大方。突然發生什麼事，也泰然自若。此外，說起話來，就像已經練習了一百次一樣的流暢，即使自稱是個害羞的人，在人前說話也看不出緊張的神色。即使本人說自己很緊張，也是騙人的。令人不敢相信。真讓人羨慕。為什麼可以這樣？

日本人是一種謙虛又易膽怯的小動物。我們的心就像是玻璃的心。相對於日本人，台灣人完全不怕失敗。喜歡玩股票炒地皮，捨棄故鄉、移民的人很多，開車和騎車也很亂來，一點都不怕死。好像連死也不怕。台灣人，沒有什麼害怕的東西。他們一生可能都不知道，什麼是緊張到喉嚨發乾、心臟砰砰跳個不停、腦海裡一片空白、雙手顫抖、滿臉通紅，毫不畏懼就這麼結束了一生吧！

真是令人羨慕！

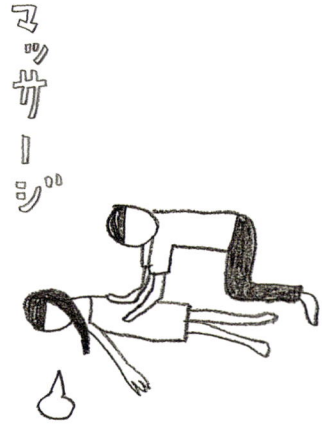

マッサージ

おねがいします。

奇怪ねー台湾 ㉓

AVが悪い

都是ＡＶ惹的禍

変な妄想を抱かれてるとも知らず。
不知道台灣人聽了會有奇怪的妄想。

アッハァ〜ン

台湾製衣
すごいAV

AVが悪い　都是ＡＶ惹的禍

台湾人は
「気持ちいぃ〜」と言うとやけに喜ぶ。
「やめてぇ〜」と言ってもやけに喜ぶ。

「もう一回言え」と言う。

台湾のみなさん。
言っときますけど、コレ、一般的な日本語です。
どなたさんもAVの見過ぎです。
日本人より、日本のAV事情に詳しいようで。
女性の方もかなりご覧になっているようで。
おかげで日本の女性は、大胆だと思われているようで。
日本からAV輸入してないで、自分の国でさっさと作れ！
台湾のテレビのエロチャンネルが、ヌルいから悪いんだ。
あとちょっとで「おっぱいポロン」とか、
もう少しで「チュッチュッ」ってところで、急に終わっちゃったりする。
これは、かえって精神衛生上よろしくない。
逆効果でしょう。欲求不満になりますよ。

アホたれ

どうせなら、もう少し思いきりのいいのを作ればいいのに。
そうすれば、こんなにも多くの台湾人が
AVから学んだある特定の日本語で喜んだりはしないでしょう。
AVのせいで、私たちが笑われる。

日本のギャルは台湾旅行で、80％マッサージに行くんです。
マッサージ店で、「気持ちいー」とか、
痛くて「やめてー」とか、100％言うんです。
台湾人に変な妄想を抱かれてるとも知らず。

どうすりゃいいの、私たち。どうにかしてよ、台湾人。ぶーぶー！

ウッフゥ〜ン♡

正しいエロ用語。
イヤァァ〜ン♡
ウッフゥ〜ン♡
アッハァ〜ン♡
以上の三つを聞いたら、喜んでよし。
注意：男は使いません。あしからず。

イヤァ〜ン

許多台灣人
只要聽到我說「kimochi ii～」就會十分爽。
我一說「yametee～」也一樣十分爽。
還會說，麻煩再說一次。
各位台灣的朋友，我要在此澄清，這可是一般日語。
你們看太多Ａ片了，比日本人還要了解日本的ＡＶ情況。
女士好像也看了不少。
託ＡＶ之福，日本的女性被認為都很大膽。
笨蛋。
現在不是做這個的時候吧！
不要再進口日本的Ａ片了，台灣人自己拍吧！
都怪台灣電視的色情頻道，太粗製濫造了。
眼看就要「露兩點」，或是進入「親親」的鏡頭，就突然結束了。
這反而對心理健康不好。
適得其反。
會變成欲求不滿喔。

如果真是如此，傾全力拍點好看的ＡＶ吧！
這麼一來，就不會有那麼多台灣人一聽到從ＡＶ學來的特定日本用語就覺得很爽。
都怪ＡＶ不好，害我們被嘲笑。

日本的女生到台灣旅行時，80%一定會去按摩。
在按摩店裡，100%會說「kimochi ii～」或是很痛時會說「yametee～」，
而不知道台灣人聽了會有奇怪的妄想。

我們應該怎麼辦才好呢？想想辦法吧，台灣人。噗噗！

真正的色情用語
Iyaaaa～n♡
Ufuuu～n♡
Ahha～n♡
聽到以上三句的話可以暗爽。
注意：以上男性不得使用，為女性用語，請見諒。

アッハァ～ン

台灣製超級Ａ片

快點拍！

おしゃべりと台湾茶は いつもセット

奇怪ねー台湾 ㉔

台湾人とレッツトーク

和台灣人聊天

何をそんなに毎日話すことがあるのか。
到底每天有什麼事可以講個不停。

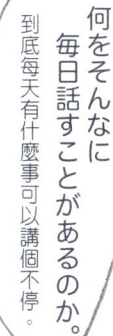

141

おしゃべりが大好きな台湾人。
　無口に見える人でも話好き。試しに話しかけるとベラベラ話しだす。平均して日本人の３倍くらいは軽く話している。何をそんなに毎日話すことがあるのか不思議になるほど。台湾人は、とってもおしゃべりです。
　中国語は、一文字一文字に深い意味がある、コンパクトなデキのいい言語。
「こんにちは」は５文字。その中国語の「你好」は２文字。
「ありがとう」も５文字。その中国語の「謝謝」も２文字。
「雨が降った」は５文字、音の数では６文字。
　その中国語の「下雨了」は３文字。
　ベーシックな会話でも、このように日本語は中国語の2.5倍の長さ。これでしゃべる時間が日本人の３倍なのだから、伝達量は相当のもんだ。毎日何をそんなに話すことがあるのかと、また思ってしまう。やたらと会議が好きな台湾の会社。それも不必要な多人数で集まることもしばしば。
　やたらと独り言が多い台湾のおばさん。日本のおばさんにも言えるけど、声のボリュームが、独り言の音量をはるかに超えている。だからなのか、道ばたで赤の他人が発する独り言に、通りすがりの人間がしっかり答えていたりする。市場・スーパーで見かけるおばさんの立ち話は70％が他人同士と思って間違いなし。
　台湾人のおしゃべりの特徴、これだけではすみません。話したければ、相手が話し終わるのを待たずにかぶって話す。だから急に全然違う話題になる。話の主導権を取られたほうも不機嫌になるどころか、生き生きと新しい話題に飛びつく。もちろん、話を切られた人もバツが悪そうにもしないし、周りもそれを気にしない。すごいことに、コロコロ変わる話題に全員がもれなくついていけて、話の軌道修正をする人はいない（日本だったら、なんでこの話になった？　と誰かが必ず口を挟むはず）。
　ここでふと、昔叔父が言っていたことを思い出した。
仕事を終えて帰ってきた叔父が、「今日は、ずっと一人で仕事をしていて、誰ともしゃべらなかったから口が臭い」と言ったのだ。そう、台湾人はにんにく臭など、食べたものの臭いを除いて口臭が少ない。それに比べて日本人は、結構口が臭い。台湾人が仕事に不真面目だと言っているわけじゃないけど、仕事中でもよく話す。おしゃべりしてしょっちゅう口が開いているから、もしかしたら唾がよく出て口の中で雑菌が繁殖しないのかも。
　もしくは、言いたいことを我慢しないのでストレス知らずで胃の状態がいいのか

も。よく話すのでよく水を飲むことも関係してると思うけど、無駄口を叩くのは、いろんな面で健康にいい気がしてきた。

ではここで、まとめ。

中国語が話せるだけではダメ。話題のスピード感、話し続ける体力を養い、話題をとられても話をブチ切られても凹まない。そして、もちろん声はでかく。語学学校では教えてくれないテクニックを要するけど、これができたら、ジャパニーズもグッバイ口臭！

台灣人很愛聊天。即使看起來話不多的人也很愛聊。不相信的話可以試看看，一打開話匣子就講不停。平均每個人講的話大概是日本人的3倍。甚至不禁讓人懷疑，有什麼事可以這樣每天講個不停。台灣人真的很愛講話。中文的每一個字都有意思，是個簡潔又清楚的語言。「こんにちは」有五個字，中文的「你好」只有二個字。
「ありがとう」有五個字。中文的「謝謝」只有二個字。「雨が降った」有五個字、六個音。中文的「下雨了」只有3個字。基本的會話中，日文的長度如上面的例子約有中文的2.5倍。

台灣人講話的量約有日本人的3倍，可說多到驚人。真的很納悶，到底每天有什麼事可以講個不停。台灣人很愛開會，而且常常是不必要的人也會參加的多人會議。台灣歐巴桑很愛自言自語。這或許也適用於日本的歐巴桑，但台灣歐巴桑的音量比自言自語要大很多。或許正因為如此，甚至有經過的人會認真的回答路邊不認識的人的自言自語。在市場或超市看到歐巴桑站著說話，有70%是互相不認識的人。台灣人多話的特性不僅於此。想說話時，不會等對方把話講完就開始插話。所以有時會突然轉到完全不同的話題。話題被搶走的人也不會覺得不愉快，而是愉快的附和新話題。當然，話被切斷的人也不會覺得尷尬，周遭的人完全不在意。話題變來變去，大家依然能夠跟得上，也沒有人會去導正話題。太厲害了（在日本，一定會有人突然提出：「為什麼會講到這個？」）。

說到這裡，我突然想起以前叔叔說過的事。工作完回到家的叔叔跟我說：「今天我一直獨自默默地工作，沒有開口說過一句話，嘴巴有點臭。」這麼說來，台灣的人除了大蒜等食物的臭味外，口臭的人很少。比起來日本口臭的人很多。我不是指台灣人工作不認真，而是工作時也很愛講話。或許是因為很愛講話，嘴巴經常打開，因而唾液分泌多，雜菌不容易繁殖吧。又或許是因為想說就說，完全不會忍住，因此沒有壓力，胃的狀態很健康吧。又或許是因為常講話，所以常喝水的關係。總之，多開口對健康似乎有不少好處。

想和台灣人聊天的結論。只會說中文是不行的，不但要訓練話題改變的速度感，還要培養持續說話的體力，還有即使話題被搶走也不會感到沮喪。當然，聲音也要大。這些都是語言學校不會教的技倆，學會了這些，相信日本人也可以跟口臭說再見了。

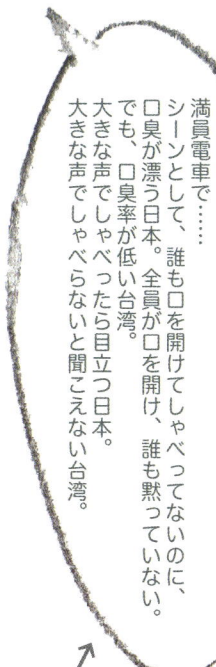

満員電車で……シーンとして、誰も口を開けてしゃべってないのに、口臭が漂う日本。全員が口を開け、誰も黙っていない。でも、口臭率が低い台湾。大きな声でしゃべったら目立つ日本。大きな声でしゃべらないと聞こえない台湾。

爆滿的尖峰時間電車……很安靜，沒有人開口講話，但口臭四散的日本。全部的人都開口說話，沒有人保持沉默，但是口臭率很低的台灣。大聲說話會引人注意的日本。不大聲說就聽不見的台灣。

column 4 台湾で出した本が日本でも出せたキッカケ

　いろいろウマくいかないな、と思っていた20代。自分の場所を見つけるべくたくさんの旅をして、30になる頃知った台湾。ここは、みんなが大自然。私の大きな笑い声も、注意されるのは半年に一回コッキリ。ほぐされるマッサージ、ほっこりするお茶、朝市、夜市、おいしい食べ物、男の鼻毛に女の口ヒゲ、親切、人情、おせっかい……。

　ヘンテコチャーミングな台湾の人たちと関わると、気楽で自然になれます。「お礼をしたい」「台湾人に喜んでもらいたい」というのもあったけど、ヘタレの私が、ビクビクしないでやったこともないことをがんばり通せたのは、台湾にいて素直になれたことも大きな要因です。絵を描いたり、写真を撮ったりは、ずっとやってきたこと。でも、自信がないと人に見せられなかったり、途中でやめてしまったり……。そんなことの繰り返しでした。後から新しく加わった、この「文章を書く」という表現は、台湾の空気を吸っていたからやれちゃったんだと思います

事，也是因為呼吸了台灣的空氣才讓我能夠順利完成（請參考P.158）。

　《奇怪ね～》出版後，讓我有機會在日本和台灣出書。雖然文章還是很幼稚，但也培養出自己的技巧。一邊想著「誰讀了會開心」、「誰看了會笑」、「為了誰而寫」，一邊想像著「某人的臉」一邊寫文章。鎖定了會開心的人為對象來寫書，對我來說是個成功的模式。書裡的內容都是一邊回想著、是台灣的某個人，或是曾照顧我的某個人，一邊寫下來的。「書寫」這個新的表現方式，是台灣給我的。

　在台灣出的書在日本也能出版的契機，是台灣給我的。這些就是我出書的契機。

（p.158参照）。

『奇怪ねー』出版の後、日本と台湾で本を出させてもらえる機会をいただけました。相変わらず文はヘタクソだけど、ちょっとした自己流のテクニックが身に付きました。「読んだら誰が喜ぶか」「誰が笑うか」「誰のために書いているか」を考えながら、「人の顔を思い浮かべて書く」というテクニックです。喜んでもらえると想定した相手が喜んでくれた本は、ちょっと成功です。あのお話やこのお話は、台湾の誰々さんや、お世話になった誰々さんを思い出しながらできたもの。「書く」という新しい表現は、台湾がくれました。

　台湾で出した本が日本でも出せたキッカケは、台湾がくれたんです。
　そんなキッカケのお話でした。

＊在台灣出的書在日本也能出版的契機＊

做什麼都不順利的二十幾歲時期，為了找尋自己的舞台到各地去旅行，到了三十開始接觸了解台灣。這裡的人都很自然。連我超大的笑聲也都半年才會被注意一次。身體徹底被放鬆的按摩、暖暖的茶、早市、夜市、美味的食物、男生的鼻毛和女生的鬍子。親切、有人情味、雞婆……

和有奇特魅力的台灣人在一起，心情很輕鬆且變得很自然。雖然嘴裡是説：「想回禮」、「想讓台灣人開心」，但軟弱的我，能夠不害怕，努力去完成沒做過的事，最大的原因還是在台灣的生活讓我變得能直率去面對。畫畫和照相是我一直在做的事。但是，因為沒有自信，不敢給別人看，甚至幾度中途放棄，這樣的事情反複不斷上演。之後才開始嘗試的「書寫」一

1 うちがま
米と水を入れ

2 外がまにも
水を入れ

3 外がまに
内がまを入れ
フタをする

奇怪ねー台湾 ㉕

大同電鍋

大同電鍋

4 このスイッチを下げる。
外がまの水がなくなると
スイッチが上がる。

Viva！差不多的台灣！

ビバ・テキトー台湾！

すばらしい大同電鍋でつくる
テキトーな人間のつくり方。

一、差不多量一量　① テキトーに米をはかる。

二、差不多洗一洗　② テキトーに米を洗う。

三、差不多煮一煮　③ テキトーに炊く。

四、差不多吃一吃　④ テキトーに食べる。

很讚的大同電鍋製造出差不多人種的方法。

プシュカッ
気！

↑
發見！
大同マークの由来は
ウチナベの底にあった?!

新發現！
大同電鍋的內鍋底部有大同的標誌！

TATUNG CO.

煮完之後果然沒有什麼差別。
因此我也學會了差不多的使用法。
很難煮的大豆，也可以煮得很軟。
去學校之前把要燉的蔬菜湯準備好，
中午回家就可以吃了。
完全不用擔心會燒焦。
只要不打開鍋蓋，壓力會讓熱傳導得很快。
完全不用管他
只要按下開關，完全不費工夫。
Viva! 差不多的台灣！差不多的大同電鍋萬歲！

友達の家で初めて使ったとき、わくわくした。
待望の炊き上がりは、米の量が多すぎて、
ごはんが電鍋の蓋を押し上げていた。
ぐー。

そんな甘酸っぱい思い出を胸に、大同電鍋から遠ざかるコト一年。
ひょんなことから、我が家に大同電鍋がやってきて、
そこから私と大同電鍋の生活が始まった。

まずは炊飯。
日本人は、米をウマく炊くことに命がけで、
水の量とか時間とかすごく気を遣う。
大同電鍋は米の量にかかわらず、外鍋に差す水の量は一緒。
私的には外鍋に差した水が、水滴になってウチ鍋の米の部分に入り
米の炊き上がりに影響するんではないかと、
細かいところが非常に気になったのだけど
台湾人に水の量を質問したところで、
口を揃えて「テキトー」と答えるだけ。

第一次在朋友家使用時，很興奮。引頸期盼。
沒想到米放太多，連電鍋蓋都被掀了起來。
苦～。
因為第一次的失敗經驗，大同電鍋被我塵封了一年。
偶然的機會下，有一天大同電鍋來到我家。
我和大同電鍋的生活就開始了。

首先是煮飯。
日本人對於煮好吃的飯這件事是拚了命的，
對於水的量和煮的時間十分的講究。
大同電鍋不論煮多少米，外鍋的水是固定的。
我認為外鍋的水蒸氣變成水滴後會滴入內鍋裡，
這應該會影響煮熟的米飯吧，
對於這些小細節，我非常地在意。

問了好幾個台灣人，水要放多少，
大家只異口同聲地回答：「差不多就好。」
是因為差不多的人，總是吃差不多的食物，
才變得越來越差不多呢？，
還是因為吃了差不多的食物，
才變得差不多呢？呢？？？？？

テキトーな人間だから、テキトーなモンを食べて
ますますテキトーになるのか？
それとも、テキトーな物を食べるから、
テキトーな人間になるのか？　か？？？？？

できあがりに大差はなかった。
それからは、テキトーに使うことを覚えた。
めんどくさい大豆が、柔らかく煮えた。
学校に行く前に仕込んだポトフが、お昼には食べられた。

焦げる心配がない。
蓋を開けなければ、圧がかかって火の通りが早い。

ほっといて良い。
スイッチ・ポンでハンドフリー。
ビバー・テキトー台湾！　大同電鍋！

これだけ食べても1000円ちょっと

奇怪ね—台湾

食事は戦争

26

Food Fight

> 長い旅の果て、最終的に私の目の前に来た目的の皿は、食い残し状態だったりする。
> 經過這漫長的旅程，最後來到我面前的料理，已經所剩無幾。

くるくる回る中華テーブルが苦手。

食べたい料理があっても、なかなか自分で回せない。
誰かが回してくれると、ホッとする。
自分が食べたい料理が近づいてくる。
「わぁ〜い！」
と思っていると通り過ぎてしまう。
仕方がないので、目の前にあるどうでもいい料理を食べて
次のチャンスを待つ。
待っていると、食べたい料理がなくなりそうになる。
勇気を振り絞って回すことにするが、
回し手の権利を虎視眈々と狙っている敵がウジャウジャいる。
片手をチョキにして、テーブルの端で何気なく構えているのが
全部敵。
今、料理をとっている人がとり終えたら
私も準備した二本指を素早くテーブルに付けて
回し手の権利を獲得する。

夏草や　強者どもが夢の後〜

註：夏草呀，古戰士們的夢之跡，日本知名俳句作家松尾芭蕉的名句。意思是指這片生長繁茂

如果餐桌是中間有著轉盤轉來轉去的圓桌,
對我真是一大考驗。

圓盤設計本來是方便大家把想吃的料理轉到自己面前,
但事實是,即使很想吃某一道料理,要順利將菜轉到面前也不容易。
如果有人幫忙轉的話,就會鬆一口氣。
自己想吃的料理正慢慢接近。
「耶~」
心裡正高興時,怎麼已經轉過頭了,
沒辦法,只好吃停在眼前不怎麼樣的料理,等待下一次機會。
等著等著,眼看想吃的料理就快被吃完了,
鼓起勇氣伸手轉圓盤,卻看到一堆敵人也虎視眈眈地想伸出權利之手。
若無其事將二隻手指放在桌邊的全都是敵人。
等正在夾菜的人一夾完,
我趕緊把準備好的二隻手指迅速伸到桌邊獲得了旋轉圓盤的權利。

夏草的山丘,曾是當年戰士們壯志的見證,夢想功名的遺跡。這裡用來形容餐後一片杯盤狼籍的景象。

無事権利を獲得し、はやる気持ちを抑えつつ、
慎重にテーブルを回す。
ずっと狙ってた卑しい奴、と思われないように。
でも、ここで回すのが遅いと、回転中にもかかわらず、
料理に手を伸ばしてくる輩が現れる。
「飢えてるな」と思われると困るので、にっこり微笑んで回転を止め、譲る。でも、現在の回し手の権利が自分にあることを主張するため、
二本指はテーブルに添え続ける。
すると、この必死さをあざ笑うかのように、増長した敵が次々と料理に手を伸ばし始める。
片手をテーブルにつけた状態では、食べることもできない。
長い旅の果て、最終的に私の目の前に来た目的の皿は、
食い残し状態だったりする。とほほ。

気疲れしちゃう。
だから中華テーブルは苦手。
回らないテーブルでも、台湾人は、要らないのにとってくれる。
だから、日本人は、悪いと思って頑張って食べると、
「腹が減ってる」と思われるらしく、どんどん皿に運んでくる。
ゆえに、食べ過ぎになり具合が悪くなる。
このタイプのテーブルも結局苦労が絶えない。

淮揚料理

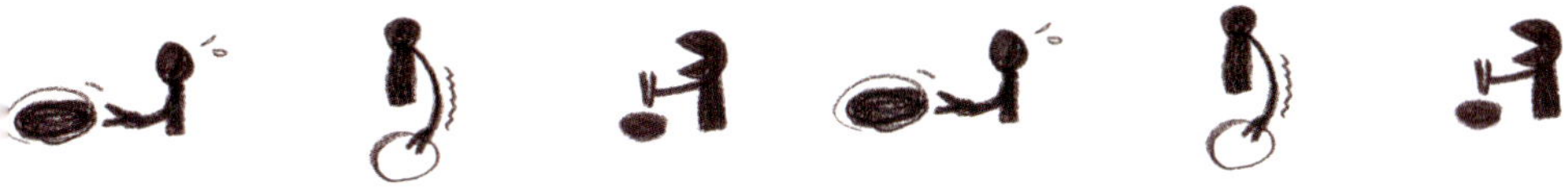

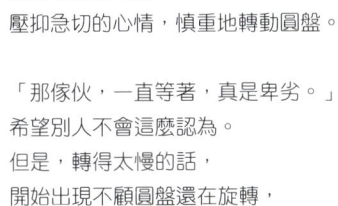

順利取得權利後,
壓抑急切的心情,慎重地轉動圓盤。

「那傢伙,一直等著,真是卑劣。」
希望別人不會這麼認為。
但是,轉得太慢的話,
開始出現不顧圓盤還在旋轉,
就不客氣地夾起菜來的傢伙。
「這麼飢餓嗎?」
為了不想被誤認,只好擠出微笑停止旋轉,
讓別人先夾。
但是,為了強調自己還沒轉完,
二隻手指繼續放在桌子邊。
於是,一些傢伙不把我的努力當成一回事,
敵人――伸出手開始夾菜。
我因為一隻手放在桌子邊,連菜也無法吃。
經過了這漫長的旅程,
最後來到我面前的料理,已經所剩無幾。
挖哩勒。

真是很累人。
所以我討厭中華旋轉圓桌。
即使不是旋轉的圓桌。
我不要的菜,台灣人也會夾一堆給我
日本人覺得不好意思,於是努力地吃。
「好像很餓。」
於是產生這樣的錯覺,
又夾了一堆到我的盤子裡
因為吃太多,肚子開始不舒服。
這種圓桌,結果一樣很辛苦。

原住民料理

原住民料理(阿美族)海藻

麻辣火鍋

誰が見てようと気にしない。

近景　　　遠景

奇怪ねー台湾 ㉗

自分と人の差を気にしない

不在意比不上別人

間違っても気にしない

みんな明るい。
大家都活得很開朗。

と思うようなほぼ一般人でも。友達か身内の仕事で成り立っているわけだ。ただ、この自由さ、時に周りに迷惑をかけることもある。経験がなくても、夢と勢いでどこかからお金を集め、食堂やカフェを開く。だからマズくてびっくりさせられるお店が多いのも事実。食べちゃってお金を払うときには、「己を知れ」とも言いたくなるけど、これさえなければ、この素直さと勢いはとってもいいことだと思う。

こうして見ると、日本人は人の目を気にしすぎ。電車に乗ったとたん、窓ガラスに映った自分の顔を見つめまくって、髪を整えてしまったりする。だから、無駄なストレスが多いのかもしれない。

自分の顔を見ている暇があったら——。

①人と自分を必要以上に比べない。
②やりたいことはどんどんやってみる。
③何も考えず自分や人に投資する。
④出来が良くなくてもまったく気にしないで、できたことを自慢する。

無駄に見える社会だけど、消費も上がって、景気も動く。台湾人のこんな強さと自由さを学べば、日本の経済は救われるかもしれない。それに心も軽くなる！

最近台灣多了很多年輕的創作者。即使很普通，或並不怎麼樣的作品，也可以滿面得意、正大光明地秀出自己的作品（當然，其中也有好作品）。即使不是專業人士也自稱是設計師，不是專家也自稱音樂家，每個人的氣勢都不輸給真正的專業人士。礙於對方認真的氣勢，常迫於人情而購買作品，因此家中有不少多餘又礙眼的東西（當然其中也有好作品）。我很羨慕台灣這種現象。

台灣人自己想做就去做，自己想唱就去唱。即使和別人雷同也不介意；即使是大同小異的行動電話吊飾、吊牌、T恤，只要自己做得開心，就拿去free market賣，或發表在網路上，而且似乎很樂在其中。與其在乎別人的眼光，倒不如去實現自己想做的事，這樣的心理健康許多。因為不和別人比較的關係，街上的人盡是些不可思議的裝扮。即使長得很抱歉也表現得活潑大方，做出生動的表情和姿勢，四處拍照。而且，還到處拿給別人看。即使手很笨拙也一樣樂在手作中。沒有運動神經的人或姿勢怪的人也照樣打籃球。五音不全的人也愛唱KTV。即使沒sence也一樣自由表現，大家都活得很開朗。

查看台灣的維基百科會發現不有名的人也都被列上去。即使是身邊的素人樂團也被登錄其中。其實也沒差，反正是身邊的人刻意上去寫的，這也是不和別人比較的一面。

最近の台湾は、若いクリエイターが増えていて、特別にユニークじゃなくても自分の作品をどんどん自由に発表している(もちろんいい物もあるけど)。プロでない自称デザイナー、プロでないミュージシャン、どれも勢いがいい。勢いでやっているので、義理で買うと、家の中で邪魔になるような物が多い(もちろんいい物もあるけど)。私はこんな台湾の現象を羨ましく思う。

台湾の人は、自分と人の差を気にしない。自分の中で完結している。これは一番いいことだ。自分が作りたいから作り、唄いたいから唄う。どれもこれも携帯ストラップやステッカー、Tシャツ等と、人と同じようなアイテムでも、自分が楽しいからアートマーケットに出店したり、ネット上で発表する。たまにパクっていても、周りも本人もヘッチャラで、表現する行為をとっても楽しんでいる。人の目を気にして、やりたいことをしないより、この ほうがよっぽど健全だ。不思議なファッションの人が町中にいるのも、人と自分を比べたりしないから。容姿が、あれ、な人でもキメキメの表情を作ってポーズをとり、町中で撮影会。撮った写真を人に見せまくる。ぶきっちょでも作品を発表する。運動神経が悪くてへてこなフォームでも積極的に運動し、音痴もカラオケのマイクを離さない。センスが悪くても、ファッションを自由に表現する。みんな明るい。

台湾のにぎやかなウィキペディアでも、そのことがよくわかる。たいして有名じゃなくても、バンドなんかをやっているとしっかりサイトに登録されている。それが「あんたもか」

只是,有很多沒有經驗的人也能募來很多資金,自信滿滿的開餐廳或caf ,因此難吃到爆的店也不少。很想跟這些人說,先秤一秤自己有幾斤幾兩吧！去掉這件事不說,這種率直的民族性其實很優。再回頭看看日本,日本人真的太在意別人的眼光。在意到連坐電車時,都會檢視映在玻璃窗上自己的臉,甚至開始整理起頭髮。因而造成許多不必要的壓力吧。

如果有閒工夫檢視自己的臉,不如
①不必刻意和別人比較。
②想做的事就去做。
③不用多想,多投資自己。
④不論1～3的結果如何,做不好的不用在意,做得好的盡量表現。

雖然這些事看來沒什麼用,但能增加消費,景氣也會跟著好轉。
學學台灣人的強壯和自由,或許能夠扭轉日本的經濟,而且能讓心情變輕盈！

ラブラブ

結婚式関連グッズ

ラブラブ

喜が2つの字は結婚式必須アイテム

台湾の結婚式

結婚儀式

奇怪ねー台湾

㉘

台湾の結婚式に出席した。
いろいろあって楽しい経験でした。

出席了台灣朋友的婚禮。發生了許多事，
是個愉快的經驗。

まず、朝の儀式。
　お嫁さんが両方の家族にお茶を配り、その後で甘いお団子を配った。「甘い物を食べた後にお茶を飲みたいな」と思った。
　次に、新郎新婦が、新婦の両親に向かって何かコソコソ言う儀式があった。お嫁さんとお母さんは、あっという間に二秒で泣き始め、「あっ！ここは感動のシーンなんだ」と思ったら、二人とも15秒で泣き止むもんだから、わけのわからないうちに終わって、一番いい場面のシャッターチャンスを逃してしまった。それにしても不思議だった。二人は、泣く前の感情の盛り上がりが、表面上まったく見えなかった。
　それから、教会で挙式だった。教会自体もどことなく中華っぽかったが、何よりも驚いたのがチューをしなかったこと。あんなに長い式を待ったのに、チューが見れないなんて、これじゃ参加の意味が80％OFFだ。そして披露宴会場へ。受付の人が、祝儀袋をその場でガバーッと開けた。ヒィ〜。日本人は、頂き物を贈り主の前で開けたりはしない。驚いた。さらに祝儀の金額を確認後、領収書をくれる。んー、会社の経費で落としたりする人のためなんだろうか？　でも、前後の人に祝儀の額がバレるから、ちょっとバツが悪いな。うぐぐ。
　式場に入ると、受付の「祝儀ガバッと事件」から立ち直っていない私に、新郎新婦のラブラブフォト攻撃が待っていた。プロに撮ってもらった二人の姿が会場にデカデカと投影されている。　見つめ合って、これからチューをする風の二人の世界　。メイクもポーズもばっちりだ。すごい！　一般人なのに芸能人みたい。このお嫁さんは、かなりかわいいからいいけど、あまり外見がよろしくない方もこれをやるの？　と心配になった。日本人ならこのような写真はまず撮らないし、もし撮っても封印して、公共の場で大きく投影して人に見せることなど、まずあり得ない。やったら、未来永劫噂されちゃう。へぇ〜、教会でのチューは人に見せないけど、こうゆう写真はアリなんだ。でも逆に台湾人からは、日本人はラブラブ写真は恥ずかしくって、チューはオッケーなのかと思われるかぁ。う〜ん。これぞ異文化、台湾の結婚式体験。

首先是早上的迎娶。

新娘先遞茶給雙方的家人，然後，再發甜湯圓。

我心想：「吃了甜點後會想喝茶吧？」

然後，新郎新娘面向新娘的父母，嘴裡唸唸有詞，儀式正式開始。

新娘和母親，才二秒的時間，突然哭了起來，「啊！這正是感動的一幕」，二人才哭了15秒就停了，最感動的場面就在一頭霧水中結束了，連按下快門的機會都沒抓住。實在是不可思議。二個人在哭之前完全看不出感情的醞釀，表面上都很正常。

　然後，在教會舉行結婚儀式。雖然是教會婚禮，感覺卻是台灣味十足，最令人訝異的是，竟然沒有接吻。漫長的儀式，竟然看不到接吻鏡頭，參加的意義當場少了80%。最後是喜宴現場。收禮金的人，當場豪氣地撕開紅包袋。ㄟㄟㄟ－日本人通常不會當面在送禮的人面前打開禮物。我嚇了一大跳。接著，收禮的人竟然開始確認金額，並且開起收據。好像是有人要報公司帳的緣故。但是，禮金金額完全暴露在前後的人面前，有點難堪。嗚嗚嗚……

　進場後，尚未從入場的「禮金公開事件」中回復的我，馬上又被新郎新娘的甜蜜親熱婚紗照給嚇個正著。請專業攝影師拍攝的照片，被放大投影在會場中。仔細一看，新人含情脈脈互望的眼神、或是即將接吻的模樣，甜蜜的二人世界。連化粧和姿勢也很專業。太厲害了！雖是一般人，看起來卻像是藝人。這位新娘長得很可愛，拍這照片還可接受，但我開始擔心，長得不怎麼樣的人也會這麼拍嗎？日本人不拍這樣的照片，即使會拍也是留著自己看，不可能會把它拿到公共場合放大投影給大家看。如果這麼做，會成為永遠的八卦話題。ㄟ～，連在教會都不在大家面前接吻，但對這種照片卻落落大方。但以台灣人的角度來看，或許會覺得，日本人羞於把甜蜜親熱的照片拿出來，卻能大方在眾人面前接吻，也很奇怪。

嗯嗯，這就是異文化，我的台灣婚禮體驗。

台東アミ族のおばあちゃん おじいちゃん

奇怪ね―台湾 ㉙

台湾人になった日

成為台灣人的一天

> 中国語をマスターするのはとても大変。
> 要學好中文實在很難。

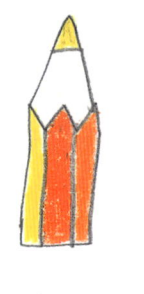

台湾人になった日

成為台灣人的一天

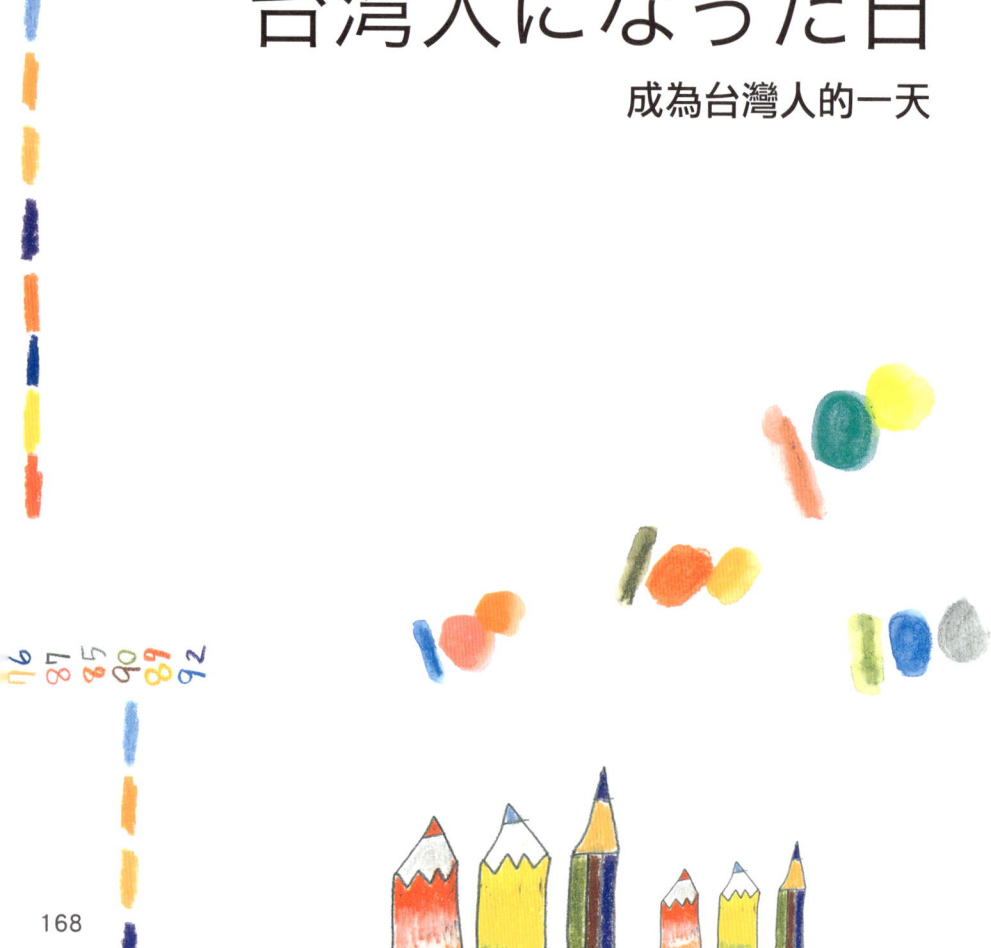

100

中国語をマスターするのは、とても大変。
学校には、たくさん日本人がいるけれども
華僑だったり、片親が台湾人だったり、
もしくは親の援助があり生活に困らない人だったりするから私は、その手の輩を見るとネタミの塊となる。

日頃、日本語を使う仕事をもらっていて
授業以外はどっぷり日本語に浸かる生活をしている。
だから、真面目に毎日学校に行っても落ちこぼれていく。
時には、「キーッ。今に見てろよ！」と
がむしゃらに勉強してみたりもするが、
勉強の仕方がおかしいらしく、成果があがらない。
困ったもんだ。

要學好中文實在很難。
學校裡雖然有很多日本人，但大多是華僑或父母一方是台灣人，
幾乎都是有父母的金錢援助，不用煩惱生活的人，
對於這些傢伙，我只有「嫉妒」二字可形容。

平常我會接使用日文的工作，
除了上課之外，其他的時間都泡在日文裡。
因此，即使很認真的每天去上課，中文程度還是遠遠落後。
「氣！終有一天給你們好看！」
有時會死命用功，但是，可能因為我的學習方法比較怪，
所以沒有什麼成果。
真的很頭大。

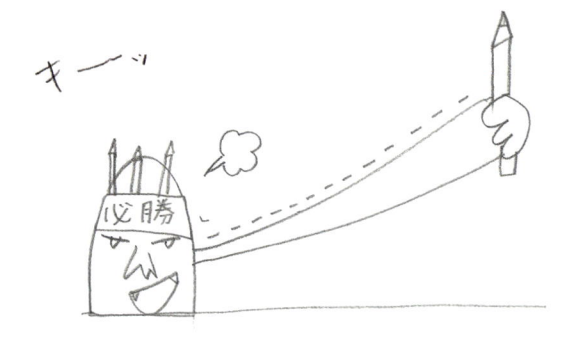

例えば、巻舌の発音に注意するブームが起こると、
要らないモンまで舌を巻いちゃって、気持ち悪い。
無気音・有気音ブームが起こると、つばが飛ぶ。
文法ブームは、同じ文系ばっかり使って阿呆みたいだし
聞き取りブームは、聞くばっかりで話さなくなる。
なんか、あんまりいいことないや。
そしてあるとき、私の中に100点ブームがやってきた。
どうしても100点が欲しい。
あと少しなのになかなかとれない。
うーん。
成果が欲しい。成果が欲しい。100点が欲しい。

そこでいろいろ考えた。
台湾人になろう。
台湾人らしく三文字の名前を自分につけて
台湾人になる。
テスト用紙にその名を書いた。

　　　　　　　　　青柚香

例如，有時候會突然很在意捲舌的發音，連不需要捲舌的音也不自覺地捲起舌來，真的很遜。有時又會突然很在意有氣音、無氣音，口水四處亂飛。在意文法時，又不斷重覆相同的句型，真的很蠢。想加強聽力時，不自覺得啞口無言，只一昧用力的聽，怎麼都沒有好事？然後，有一天，我突然很想考一百分。不論如何都想拿一百分。只差一點點，但怎麼就是無法考到一百分。嗯，想進步、想進步，想要一百分！因此，我想了各種方式。先變成台灣人吧！先替自己取個三個字的台灣名字，變成台灣人。在考卷上填上這個，字。　青柚香

青木由香

長期大量引進外資,可能會動搖國家的經濟基礎。

這些金融機構的呆帳太嚴重,政府必須加以整頓它們,才能重新建立秩序。

如果外資金大筆撤出,外匯流失,對新政府來說是很大的考驗。

由於政商結合造成金融體系失常,使得人民的心理非常恐慌。

教育界最關心的問題,就是幫助學生成長,以及有效提高學習能力。

非常 ⑦密切 ⑧應變 ⑨轉機 ⑩角色

青木由香

說起來那件老實,難怪警察都查不出來東西是他偷的。

州勞大哥的工作,其實多半是非法的勾當,其實有很多人被騙。

有商人為了吸引大眾,竟然送色情錄影帶,根本就沒有道德心。

你知道那麼違法的事,還膽敢去做,當然應該受到法律的制裁。

歹徒利用人性的弱點,想出了很多花招,害那些單純的人上當。

現象 ⑦兩難 ⑧為非作歹 ⑨不擇手段

天下沒有白吃的午餐。

青木由香

龍的形象象徵強大的力量,中國也以龍的傳人為傲。

無論如何努力王小姐的設計,都無法符合老闆對她的期望。

明清兩代中國跟外國的接觸頻繁,中國文化也因此越發豐富了。

宋代不僅在文學上有新的風貌,同時在科技方面也令人大開眼界。

秦始皇統一天下以後各上法令跟制度才趨向一致,奠定了中國發展的基礎。

充斥 7.疆域 8.人才輩出

從何說起 10.望子成龍,望女成鳳

青木由香

1. 我很後悔,錯過了那場高水準的歌劇,聽說觀眾的反應非常熱烈。
2. 由於傳播媒體對抽象畫的藝術評價很高,因此我想嘗試看看。
3. 古典芭蕾舞團表現得很精彩,大家都起立鼓掌。
4. 根據學校的規定,學生得穿正式的服裝。
5. 平劇中的各種臉譜,代表不同的人物性格,演員的唱念動作特別講究嚴。

青木由香

1. 我以為自己被打敗了原來是他們兩個人起來害我。很...
2. 他們兩個人都爭走氣氛,彼此爭得非常激烈,好像作戰一樣。
3. 她的丈夫被千方火害死,可是她知道後來還是用了結婚之悲慘。
4. 凡是跟三國有關的成語都很有趣,可惜我的腦筋是一時記不住那麼多。
5. 每次這個季節都會颱風,減輕颱風造成的災害是最迫切的問題。
6. 悠久 7.間隔 8.奧祕 9.賠了夫人折兵
10.萬事俱備只欠東風

青柚香

1. 當小說不像古典小說,有指導人生的使命而寫作的手法不同了。
2. 現代婦女個個自立,發展事業的動機特別強,多半不願意受家庭的束縛。
3. 由原作改編而影片,雖然更直接展現故事的情節,但透過無形中卻商業化了。
4. 大家只要站在別人的角度去問題,多多了解別人的感受,就能拉近彼此的距離。
5. 最近出版的那本小說,反映現代人心靈空虛,渴望真愛的現象,因此非常暢銷。
6. 任何 7.仍然 8.觀察 9.佩服
10.功力

√很好!總算得到 100 分了,恭喜!

青木由香

1. 隨口批評別人,別人不見得會接受,這樣最不自說。
2. 根據教育單位的通知資料,青少年輟學的比率一天比一天升高。
3. 總而言之,大家都要把握年輕的時代,不斷創新人生,才不會留白。
4. 先苦後甘,這個觀念,簡直太落伍,青春就是要抓住機會玩樂。
5. 這兩天媒體最常討論的題目,就是青少年到底為什麼放棄學業,追求流行。
6. 派不上用場 7.事半功倍 8.埋頭苦幹
9. 好逸惡勞 10.一份耕耘,一份收穫

青木由香

1. 根據新開報導,太和村裡的獨居老人越來越多,國家的負擔很重。
2. 這麼小的空間,要有客廳房廳,還要有廚房廁等等究竟該怎麼設計呢?
3. 政府決定採取減稅的措施來鼓勵大家投資,由此可見經濟非常不景氣。
4. 住在一起的人要尊重還要還各自不同的作息時間,這樣才不會發生衝突。
5. 首先我們得改善安養中心的居住環境,其次要增加老人的進修活動。
6. 累贅 7.飲食 8.引以為傲 9.天倫之樂
10.三代同堂

青柚香

1. 紅樓夢歷經兩百多年風靡了千千萬萬的讀者,至今仍然散發著難以抗拒的魅力。
2. 很多專家跟學者認為,紅樓夢中有關服飾節慶、民俗、園林等部分也值得研究。
3. 作者塑造鮮活的角色,並且掌握他們微妙的心理,才能在讀者心中留下深刻。
4. 榮華富貴轉眼成功,後代子孫要努力求進,這個國家才不會由興盛走向衰敗。
5. 言談舉止,代表人的個性跟身分地位,除此之外,還會影響日後的發展。

6. 穿插 7.暗示 8.賣弄
9. 白話 10.做夢

100

171

おわりに

この本は、台湾に来て二年目、2005年に書いた本のリニューアル版です。今回は、そのリニューアルも自分でやらせてもらったので、当時と今の自分を比べながら、パソコンに向かって作業をしていました。中にはもちろん私の台湾化が進んでか、当時とは私の物の見方が変わっているお話もありました。
例えば、約束の仕方。今となっては約束を前もってするのがなんとも煩わしい。そしてニュース。たまにNHKを見ると「わぁ、灰色の背広で最後に黙ってお辞儀してる！」とその地味さにビックリ。本のお話とは関係ないけど、日本で飲み物を頼むとき、台湾の癖で氷抜きで注文して、大きなコップに3分の1しかジュースを入れてくれないので驚いたり、その余計な注文をつけた自分を恥ずかしく思ったり、ガックリしたり。

台湾の人達がとる奇怪な行動は、全体感やルールはそっちのけです。でも、これがまた悪いもんじゃない。"素直さ"とか、"人情味"とか、"単純さ"が生み出している行動。だから、飲み物の氷を拒否しても、台湾なら満タンのジュースがしらっと出てきます。「今日は気分がいいから多めに持っていきなよ」なんてオマケもあったり。たいしてお歳を召していない人にシルバーシートを競うように譲り合ったりするのも、普通によくよくあるんです。こんなことがしょっちゅう起こるので、いい気分が伝染して、みんながおせっかいやお裾分けをし続ける。だから、もらい物で構成されたトンチンカンなファッションなんかも生まれるのですが、それは置いといて。

とにかく
台湾には、私たちが忘れかけているものがたくさんあります。ここには、飾らない人がいて、人情がゴロゴロしていて、旅行者の私たちにも、その温もりはズカズカとタッチしてきます。

さんざん「鼻毛」だ「おなら」だと書いたこの本、このおわりに、一体何を言いたいかというと「台湾に来たら、気が楽になります。皆さん遊びに来てください」です。

最後に、日本語がもともと付いてる本なのに日本語版を考えてくれた編集の秋元さん、入稿直前で吹っ飛んだデータ復旧に力を貸してくれた、美沙ちゃん、張さん、急ぎの訳をいつも快くやってくれる碧君、台湾でこの本が生まれるキッカケを作ってくれたローズさん、明月、棋子、この本を手に取ってくれた皆さま、本

当にどうもありがとう。

この本は、台湾版も日中二ヶ国語で書かれています。違う言葉の違う国の人が一冊の本を貸し借りしたり、肩をくっつけて読んでいるのは素敵なので、今回もこの日本版にも中国語を入れてみました。この本を通して、そんな光景が広がっていくとおもしろいことになるな、と思っています。こんな本が作れて楽しかったです。

2011.7.12 青木由香

　這本書是我來到台灣第二年，2005年出版的書的新版。這次也由我自己來更新內容，一邊坐在電腦前工作，一邊比較當時和現在的自己。當然，現在的我比當時的我更台灣化，對於某些事物的看法也和當時有所不同。例如：和別人約定時，現在的我會對於什麼都要先約一事感到麻煩。還有關於新聞的看法，偶爾觀看NHK的我，現在對於「哇，穿著灰色西裝，最後默默行禮！」的樸素作法感到很驚訝。也有和書不相關的事，像是在日本點飲料時，我會有台灣人的習慣，點去冰的飲料，結果送上來的果汁竟然是只有杯子的三分之一，這讓我對於自己這種多事的行為感到不好意思，同時也感到失望。

　台灣人之所以會有這些奇怪的行為是因為不會顧慮整體感和規矩。但這絕不是壞事。而是基於直腸子、人情味、單純而有的行為。因此，即使點不加冰塊的飲料，在台灣送上來的果汁一樣是滿滿的。有時還會多送：「今天心情好，多送你一些吧」。看到年紀不怎麼老的人，大家也爭相讓位。這些都是日常生活中理所當然的事。因為這些事經常發生，讓人也感染了好心情，大家於是繼續雞婆並把接收的好事分享出去。因此，才產生了全部是別人送的東西組合成的怪裝扮，暫且把它放一旁。總之，台灣有很多我們遺忘的東西。這裡的人不假修飾，到處都有很濃的人情味。而且用這樣的溫暖來接觸我們這些旅行的人。

　寫了關於「鼻毛」、「放屁」等內容的這本書的最後，我最想說的是：「請來台灣玩吧！來台灣會讓您心情完全放鬆。」

　最後想感謝的人很多，這本書原本就附日文，但還是願意為我出版的編輯秋元小姐；幫我搶救在快完稿前突然當掉的檔案的美沙、張桑；在很趕的行程中迅速幫我翻譯的碧君；在台灣讓我有機會出版這本書的柔縉、明月和棋子；還有拿起這本書的各位讀者。真的很感謝大家。

　這本書的台灣版也是中日文對照。如果使用不同語言的不同國家的人能夠互相借閱這本書，或肩併肩一起閱讀，那真的是很棒，於是這次的日文版也放入了中文。如果這本書能製造更多這樣的畫面，一定很有趣。能有幸出版這樣的書，真的很開心。

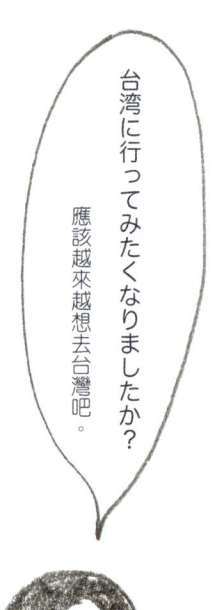

台湾に行ってみたくなりましたか？

應該越來越想去台灣吧。

エバーの飛行機でピューと台湾へ。

成田　羽田　大阪　福岡　小松　札幌　名古屋　仙台

EVA AIR

飛行機に乗ってしまえば
日本中どこからも台湾はとっても近い！

エバー航空のみなさま
この本の出版にあたり、サポートをしてくださって
ありがとうございました。

感謝感謝

日本の台湾観光協会は東京と大阪。

東京

大阪

Taiwan
THE HEART OF ASIA

台湾観光局と台湾観光協会のみなさま
この本の出版にあたり、サポートしてくださって
ありがとうございました。
台湾に行ったことないけど行きたくなった方は
台湾観光協会に行ってください。
台湾のリアルなイベント情報や
お得な旅の情報がどしどし手に入ります。
"カワイイ台湾人代表"の所長と副所長にも会えますよ。
私も日本に帰るとよく遊びに行ってしまいます。

感謝感謝

奇怪ねー台湾
不思議の国のゆるライフ

発行日・2011年8月22日　第1刷 発行
　　　　2023年3月31日　第5刷 発行

著者・青木由香（あおき・ゆか）
中国語訳・黄碧君（ホァン・ピージュン）

デザイン／イラスト／写真・青木由香
協力・台湾観光局／台湾観光協会／エバー航空

発行者・田辺修三

発行所・東洋出版株式会社
〒112-0014　東京都文京区関口1-23-6
電話　03-5261-1004（代）　振替　00110-2-175030
http://www.toyo-shuppan.com/

編集・秋元麻希
印刷・日本ハイコム株式会社
製本・ダンクセキ株式会社

定価はカバーに表示してあります。
許可なく複製転載すること、または部分的にもコピーすることを禁じます。
乱丁・落丁の場合は、ご面倒ですが、小社までご送付下さい。
送料小社負担にてお取り替えいたします。

ⓒYuka Aoki 2011, Printed in Japan
ISBN 978-4-8096-7647-5

奇怪ね：一個日本女生眼中的台灣
By 青木由香
Copyright (C) 2011 by Yuka Aoki
Japanese translation rights arranged With Sbooker Publications, Taipei,
through Tuttle-Mori Agency, Inc., Tokyo